在全球化的
世界中行走

苗绿 著

中国科学技术出版社
·北京·

图书在版编目（CIP）数据

在全球化的世界中行走 / 苗绿著. -- 北京 : 中国科学技术出版社, 2025.4. -- ISBN 978-7-5236-1143-2

Ⅰ. K825.6

中国国家版本馆 CIP 数据核字第 2024N3H195 号

策划编辑	申永刚　屈昕雨	责任编辑	屈昕雨
封面设计	东合社・安宁	版式设计	蚂蚁设计
责任校对	焦　宁	责任印制	李晓霖

出　　版	中国科学技术出版社
发　　行	中国科学技术出版社有限公司
地　　址	北京市海淀区中关村南大街 16 号
邮　　编	100081
发行电话	010-62173865
传　　真	010-62173081
网　　址	http://www.cspbooks.com.cn

开　　本	710mm×1000mm　1/16
字　　数	124 千字
印　　张	12.75
版　　次	2025 年 4 月第 1 版
印　　次	2025 年 4 月第 1 次印刷
印　　刷	北京盛通印刷股份有限公司
书　　号	ISBN 978-7-5236-1143-2/K・461
定　　价	69.00 元

（凡购买本社图书，如有缺页、倒页、脱页者，本社销售中心负责调换）

序
PREFACE

  2024年11月11日，美国总统选举结束不到一周，第七届巴黎和平论坛在法国夏乐宫（Palais de Chaillot）拉开帷幕，这个由法国马克龙总统为纪念第一次世界大战结束100周年倡议发起的论坛，已经成为一个颇有国际影响力的全球治理论坛，在推动多边合作，应对全球挑战上发挥了重要作用。

  近年来，全球南方崛起，多极化世界来临，全球治理机制亟待改善，同时2024年是全球选举大年，北美、欧洲、南亚等地区几十个国家都经历了重要的政治选举，本届论坛以"亟需一个有效运行的全球秩序"为主题，也算恰逢其时。

  我受邀参加的会议主题为"具有中国特色的世界秩序？"，和我同场研讨的嘉宾包括澳大利亚前外交部长、国际危机组织名誉主席盖瑞思·埃文斯（Gareth Evans），巴基斯坦前外交部长、国民议会外交事务委员会主席希娜·拉巴尼·哈尔（Hina Rabbani Khar），布鲁金斯学会李光耀东南亚研究协会讲席教授郭晨熹（Lynn Kuok）。

看到这个议题设置，我还是有些惊讶的。今年是我连续第七年参会。在我的印象里，虽然以前的研讨中肯定会有关于中国的讨论，不过几乎没有直接以中国为主题进行议题设置的，这说明中国在世界秩序中的作用备受瞩目。不过，当会议议题将"中国特色"与"世界秩序"以这种方式连在一起，需要引起警惕。

"中国特色"是基于中国自身奋斗实践的创造，中国的实践向世界说明了一个道理，现代化不是单选题，我们不"输出"中国模式，不会要求别国"复制"中国的做法，只是通过分享我们的经验，拓展发展中国家走向现代化的途径。然而，当下的国际秩序遭遇新挑战，中国从自身传统中汲取智慧以推动国内乃至全球治理议题的做法，同样面临被其他国家错误或过度解读的风险。

事实上，中国从现有的全球秩序中受益匪浅，并始终支持和维护现有的国际机构，如世界贸易组织、世界银行、国际货币基金组织以及联合国。中国并未寻求推翻或挑战现有的国际体系，而是通过"一带一路"倡议、构建人类命运共同体理念，以及"三大全球倡议"（全球文明倡议、全球发展倡议、全球安全倡议），倡导可持续发展，符合联合国可持续发展目标（SDGs）。与此同时，中国主张新的安全理念，强调不干涉内政、多边合作和全球共同安全。此外，中国还倡导跨文化对话，

序

尊重文明多样性……

作为现场唯一的中国嘉宾，不容我多想，会议主持人法国蒙田研究所特别顾问米歇尔·杜克洛（Michel Duclos）已经首先将问题抛给了我，对于这个问题的答案，不仅代表着我的观点，也会在某种程度上奠定会议基调、激发讨论方向。所以我首先鲜明地表达了个人的核心观点：这个主题应当而且必须以问号结尾。中国从未宣称要建立具有"中国特色"的全球秩序，只能说中国有意愿改善和提升现有的全球秩序，愿意为其做出贡献，使其更加平衡、更具包容性和公平性。

巴黎和平论坛结束当天，我便直奔柏林外交政策论坛，第二天活动结束我又马上飞回上海直奔第七届中国国际进口博览会暨虹桥国际经济论坛，并主持由商务部主办、CCG（Center for China & Globalization，全球化智库）与商务部进博局承办的"全球气候变局下的可持续贸易"分论坛，并发布报告《全球气候变局下的可持续贸易》。年底前，我还要参加香港中美论坛、博鳌亚洲论坛首尔会议、伊斯坦布尔TRT世界论坛、多哈论坛……

过去这些年，我对几十个国家进行了访问交流，参加了数百场高规格国际会议，巴黎和平论坛还算"和风劲吹"，而很多国际论坛都可以用"暴风骤雨"来形容，比如我连续六年参加的慕尼黑安全会议，几乎整栋楼都在议论中国，有一年媒体竟然用三个词语："中国、中国、中国！"来总结论坛议题。无论是在规模较小的二轨对话场合，还是在范围更广的国际论坛上，关于中国的议题都是最热门的；与此同时，中国的声音也是各方所期待的。

我们身处一个历史性的时刻，这个世界在动荡中艰难前行，贸易纷争，关税壁垒，似一道道藩篱，隔开了曾经看似紧密的联系。科技领域，更是一片肃杀之气，制裁之剑高悬，曾经携手共进、探索未知的机构，不得不分道扬镳。我们亦目睹了真实战争的惨烈，感受到战争对国际地缘政治的颠覆，对世界格局的重塑。

然而此刻，面对着即将到来的特朗普2.0时代，全球将再次进入一个微妙的历史节点，联合国和WTO将何去何从？全球治理是否会陷入空转？亚太地区是否会硝烟再起？中美关系是否会面临更大的风浪？

新的可能性和不确定性正浮出水面。

我认为，在新的全球化历史的脉搏中，中国民间智库的脉动将更为强烈，它不再仅仅是一个为政府部门建言献策的机构，也开始承担起开展二轨外交的新角色。过去这些年，我从个人的学术探究起步，历经民间智库的探索，一路摸爬滚打，进行着种种努力与尝试，奔走于各种国际场合，倾听不同国家、不同文化、不同背景的人士对中国的看法，了解他们对中国的真实想法，通过一手资料和信息，更好地对国际形势进行研判。同时，我也努力理性平和地对外传递信息，阐释中国的立场与观点，将中国的悠久历史、深厚文化、发展成就展示给世界，

序

尝试以民间角度引发情感共鸣，主动设置议程，提出建设性方案，努力化解分歧、寻求共识。在一次次思想碰撞和真诚交流中——一次小小的个人经历分享，一次不经意的理性对话——为紧张的国际关系注入一丝缓和的气息，带来一份温暖和希望。这也是个体能给时代做的微小贡献。

不知不觉间，全球化智库已经创办十七年了，我也步入"不惑"之年，孔子说，"四十而不惑"，卡尔·荣格说，"真正的人生从四十岁才刚刚开始"。我想在这个人生的关键年份，将我的历程与大家分享，记录我与时代的相遇，铭记生命中难以忘怀的感动。

苗绿　博士
2025 年 3 月

▲ 作者在第七届巴黎和平论坛"具有中国特色的世界秩序?"研讨中作为开场嘉宾直面质疑

▲ 在博鳌亚洲论坛首尔会议"世界的未来：妇女与青年的作用"分论坛上，作者与菲律宾前总统阿罗约（左二）、法国前青年发展部副部长佩雷斯（左三）等嘉宾同台研讨

▲ 作者在博鳌亚洲论坛首尔会议与多国前政要共话全球治理

注：从左到右依次为：博鳌亚洲论坛秘书长张军、巴基斯坦前总理阿巴西、美国商务部前部长古铁雷斯、泰国前副总理兼外长敦、斯洛文尼亚前总统图尔克、中国人民对外友好协会会长杨万明、本书作者

目　录

第一部分
世界上的风雨

第一章
参加慕安会

慕安会"第一问" / 003

个人与时代的相遇 / 008

第二章
创办中国自己的智库

应"运"而生 / 017

创业维艰 / 024

智库中的"她"力量 / 031

第三章
智库美学

兰德公司的启发 / 038

生存美学：形式很重要 / 041

智库美学思维的深度延伸 / 046

第四章
走向世界

达沃斯的考验 / 058

试水巴黎和平论坛 / 062

多哈论坛风云 / 074

来自联合国的"认证" / 082

第五章
创立国际青年领袖机制

在不确定性中创新 / 087

国际青年领袖经历带来的灵感 / 090

比利时国王之约 / 091

成为慕安会青年领袖 / 094

开创中国的国际青年领袖机制 / 099

第二部分
我的避风港

第六章
成长记忆

我的故乡 / 105

自由成长 / 110

中学时光 / 114

第七章
我的大学

北师大 / 120

我的"北国"时光 / 126

国际写作中心 / 129

第八章
求学美利坚

生活在纽约 / 136

在哈佛访学 / 139

波士顿的冷与热 / 144

第九章
从育于人到育人

遇到人生的另一半 / 151

为孩子的成长"留白" / 154

孩子们，大胆走向世界 / 157

更好的陪伴 / 163

第十章
未来之路

因为相信而看见 / 167

智库道路：叙事中国与全球化 / 172

讲什么？ / 178

谁来讲？ / 180

如何讲？ / 184

第一部分

世界上的风雨

第一章
参加慕安会

开篇，我想从 2021 年的那场慕尼黑安全会议（以下简称慕安会）开始讲起。

慕安会"第一问"

2021 年 2 月，当全球华人正沉浸在农历新年的喜悦气氛中时，德国南部的慕尼黑也正在进行一场热闹的"跨大西洋家庭聚会"，这场"聚会"最早开始于 1963 年，参加的主角有各国家和地区政要、国际组织代表，每次聚会上提出的有关世界和平与安全等的重要议案，总是或多或少在接下来一到两年的西方政府决策中得以体现。可以说慕安会是观察大国关系和安全政策走向的窗口，是著名的国际战略和安全领域年度论坛。

2021 年的慕安会是极为特殊的一届。

这场论坛是全线上进行的。这也是半个多世纪以来唯一一次全线上举办的慕安会。

这个一度被称为"发达国家俱乐部"的会议，往年都是熙熙攘攘，人头攒动，但本次会议现场只有两块大屏幕，显得十分冷清。两位主持人一黑一白的穿着也尽显萧瑟。

然而，这又是一次不能不开的会议。

当时，百年不遇席卷全球的新冠疫情已持续了一年有余。疫情冲击下，工厂停工、餐厅歇业、航班停飞、客轮停运……全球经济仿佛自动按下了暂停键，产业链、供应链出现断裂，餐饮、旅游等众多行业遭受惨重冲击，2020年全球经济萎缩4.3%，创下1929年全球大萧条以来最严重的衰退纪录。面对这场近百年来最严重的全球性公共卫生危机，本需要团结一致的国际社会却如一盘散沙。美国和欧洲各怀利益诉求，为此争论不休，国际上则充斥着对病毒溯源的怀疑和抹黑。新冠疫苗在2020年末开始批量生产，2021年全世界都可能会面临疫苗的生产、分配以及购买的问题。危机面前，多边主义的切实合作十分珍贵和必要。

对我而言，这届会议也极为特殊，我收到了慕安会主席的邀请，将以全球化智库秘书长、慕安会青年领袖代表、本次慕安会中唯一中国代表的身份，在会议首脑论坛上与联合国秘书长古特雷斯对话。

在这场会议中，我是首个与古特雷斯秘书长对话的嘉宾。

第一部分 世界上的风雨

接下来，时任美国总统拜登将会发表讲话，这是他就任后首次在国际多边场合公开发表讲话，也开创了美国现任总统出席慕安会的先例。再接下来，拜登会与时任德国总理默克尔、法国总统马克龙、时任英国首相约翰逊、欧盟委员会主席冯德莱恩、欧洲理事会主席米歇尔、世卫组织总干事谭德赛、北约秘书长斯托尔滕贝格、时任美国总统气候问题特使克里和微软创始人比尔·盖茨等人在两个半小时的时间里围绕全球抗疫、气候变化、跨大西洋关系等话题进行密集探讨，并在全球各大电视台和媒体同步直播。

作为第一个对话者和提问者，我与联合国秘书长古特雷斯的对话将为随后的对话与讨论拉开帷幕，这让我深感责任重大。

联合国是世界的最大公约数，是多边主义的代表，慕安会是美欧之间传统盟友聚会的知名场合，在这样一个举世瞩目的场合，作为来自中国的智库人，向联合国秘书长提问，要问什么样的问题，从什么角度在短时间内恰当地体现全球视野和中国思考，我沉思了许久。

站在CCG的立场，我认为可以从若干角度出发提问。首先是从全球治理角度出发，询问秘书长本人，联合国在应对疫情方面可以采取什么措施推动国际合作；其次是从中国的角度出发，询问中国能够提供什么帮助；再次是从与会者角度出发——这个问题也可以留给其他参会的国家元首和国际机构负责人——询问各国在应对疫情过程中应该扮演什么角色。最后一个角度是从智库的角度出发，CCG需要提一些具体的建议以供参考。当时CCG正在倡议中美欧三边举行"疫苗峰会"，推动全球在疫苗上的合作。

以下是我和古特雷斯秘书长的对话：

苗：尊敬的古特雷斯先生，您好，首先在北京问候您，我的问题是，在疫情成为最严峻的全球性挑战的当下，联合国以及世界卫生组织能否引领欧盟、美国和中国在全球范围内共同努力，召开三边疫苗峰会，协调疫苗的生产、分销和新药研究的标准化，为全世界，特别是发展中国家提供帮助？

古：你的问题很重要，强调了国际合作的重要性，但我相信我们不仅需要团结所有的国家，还需要汇集拥有一定实力、科学技术、工业和物流能力的企业的力量，以确保能够制订和实施全球疫苗接种计划，从而使得世界上的每一个公民都能接种疫苗。在我看来，将国家、公司和国际组织这些实体团结在一起的最佳场合正是G20峰会，联合国也将全力支持这一努力。我们必须动员全世界，以尽可能快的方式为世界上每个人接种疫苗。为此，我们需要一个特别工作组。

古特雷斯秘书长只沉思了数秒，便作出了回复。他的语速很快，几乎没有犹豫和迟疑，表述也条理清晰，重点突出。此前在多哈论坛等国际场合，我曾数次现场聆听过他的演讲和媒

第一部分 世界上的风雨

▲ 作者（右屏）在慕安会上对话联合国秘书长古特雷斯（左屏）

体问答。他的反应让我相信他在类似问题上已经深思熟虑，并形成了具体的想法。

国际媒体立刻注意到了他的发言。当天美国有线新闻网在报道慕安会新闻时，专门提到古特雷斯倡议建立"G20疫苗特别工作组"。

在同年的G20峰会上最终达成了《罗马领导人宣言》。宣言中的两个自然段提到新冠疫情，并提出："为推动实现世界卫生组织全球疫苗接种战略建议的全球接种目标，即到2021年年底所有国家至少40%的人口接种、到2022年年中70%的人口接种……我们将共同努力，依据各国法律和国情，推动世界卫生组织认为安全有效的新冠疫苗获得认可。我们承诺大幅增加疫苗以及诊疗工具的提供和获取渠道，确保疫苗在有需要的地方能够透明、快速和可预测地交付和接种。"

我想，古特雷斯秘书长为了实现年初这一设想，应该是尽了全力。

实际上，除了古特雷斯秘书长，参加这次讨论的一些国家元首们也在一定程度上回应了我的问题。例如，默克尔表达了多边主义是政治活动的基础。在面对新冠疫情、气候变化、恐怖主义等问题时，各国只有团结一致才能达成目标。马克龙赞同欧美应加强合作以应对遇到的挑战。同时，各方也更需要与联合国安理会的其他成员共同商议，找到可行的解决方案。

看起来，我在慕安会上的提问，似乎为防治疫情、推动合作做出了一点微小的贡献。

再回顾这次线上会议，我常常问自己：

是什么让我——一个来自中国的智库代表、青年女性——站在慕安会的聚光灯下？

个人与时代的相遇

我第一次参加慕安会是在 2019 年。

当时特朗普入主白宫已有两年，美国政府为保证"美国优先"频频退出多边协议。欧洲诸国面对所谓原"世界秩序"领导者的离开，感到无所适从。这一年的慕安会将主题设定为"倡导国际合作，维护多边主义"，也是这一"茫然"状态的

第一部分 世界上的风雨

体现。

慕安会的举办地巴伐利亚庄园酒店是一栋典型的欧陆近代酒店式建筑，据说曾是奥匈帝国伊丽莎白皇后，也就是我们熟悉的"茜茜公主"游历欧洲时多次下榻的"行宫"，历史上接待过很多名人。在我们参加会议的三天时间里，酒店大堂、咖啡厅、电梯甚至卫生间，几乎走到哪里都能碰到大家耳熟能详的各国政要。

不过，最初参加慕安会，令我印象深刻的并不是这一张张熟悉的面孔，而是"中国话题的在场"与"中国人的缺席"。2019年慕安会明确涉及中国话题的分论坛有7场，这个数字在2020年上升到11场，其他一些论坛虽然在议题设置上没有提到中国，但其中很多也将矛头指向中国。与此同时，作为跨大西洋伙伴关系的论坛，慕安会的参会者大多来自发达国家，只是到了最近十年，才逐渐接纳包括中国在内的发展中国家代表和联合国的代表，但主流人群仍来自发达国家。2019年的慕安会上，美国参议院国土安全和政府事务委员会主席罗恩·约翰逊公开指责中国"偷窃"美国技术，不遵守知识产权。辉耀对此予以了明确的回应和详细的解释。在讨论告终时，罗恩·约翰逊也不得不软化了他的立场，表示"也希望看见中美双赢"的局面。不难想象，如果没有中国人在场，他们对中国问题的讨论会是一副怎样的场景。

一个有趣的插曲是，当年和辉耀同台参加讨论的还有时任德国财政部的奥拉夫·朔尔茨。我无法确认辉耀当时的发言是否给这位现在的德国总理留下印象，但这件事情强化了我的认识，那就是：不能放过发出自己声音的机会，要参与、要发言，但也需要策略，与对方展开有效对话，展现自己的行动能力。品牌、平台和领导力，这些看似商业气味浓厚的术语，在国际交往当中其实也同样适用。

近几年的慕安会也敏锐地观察到了国际格局的变化，开始思考西方应如何调整自身以应对新挑战。这一点从他们每年发布的报告中也能看出来，2017年的"后真相、后西方、后秩序"、2018年的"走到边缘，然后又回来？"、2019年的"全球拼图：谁来拼起碎片？"、2020年的"西方的缺失"、2021年的"竞争与合作"、2022年的"扭转局势，摆脱无助"、2023年的"修正"、2024年的"双输？"……欧美哲学习惯采用非此即彼的两分法，把复杂的世界简单地分为"我们"和"他们"，这样做可能会掩盖一个现实：目前全球治理面临的最严重的威胁是全球性的，不分南北东西。在日益多元化的世界里，各国需要寻求一种更加包容的秩序。这意味着要接受发展模式不同的国家崛起。当中国的崛起成为慕安会最重要的"背景板"时，中国嘉宾的发言需要被倾听，被重视。在我们组织的地缘政治大国时代气候合作的官方边会上，本来只有25个参会名额，结果有近60人报名，不算太大的会场瞬间变得拥挤起来，而其中很多都是在欧美外交安全界很有"身份"的人士。

看来,欧美国家的代表们确实很想听一听中国的声音。我在2020年被推荐为慕安会青年领袖,这也是时隔三年,中国代表被再次提名。慕安会青年领袖项目由德国科尔伯基金会与慕尼黑安全峰会官方合作设立,每年遴选25位来自世界各国的40岁以下杰出青年政策人才,为他们提供对话国际政要的平台和机会,激发外交和安全政策的新思维。不过,在十多年的时间里,在来自70多个国家的300多名慕安会青年领袖中,来自中国的代表数量依然维持在个位数。因此我深感责任重大,倍加珍惜这个在国际场合发声的机会。

▲ 作者与慕尼黑安全会议主席沃尔夫冈·伊申格尔(Wolfgang Ischinger)交流

在全球化的世界中行走

▲ CCG与慕安会联合举办"中美冷战？迷思与现实"主题晚宴（2020年）

▲ 作者策划并主持慕安会CCG官方边会（2024年）

第一部分　世界上的风雨

近些年，青年领袖机制已经成为各国参与全球治理、承担国际责任、建立国际交流渠道的一个重要途径，在世界重量级的政商学场域中已被广泛应用。究其原因，青年作为未来的创造者，往往更有活力、更具包容性、更能接受新事物新理念。青年交流还能够带来长期效应，一旦成为朋友，各方将会保持多年的友好往来。因此，无论东西，大家都很重视青年交流，做好针对青年群体的公共外交。这是全世界都很容易接受的交流模式。

CCG多年来深耕国际人才工作，在研究并推动国家及相关部门完善留学、国际人才流动、在华国际人士等相关政策方面拥有深厚的研究基础。在长期的智库运营中，我也接触到大量杰出的国际化人才，收获了深厚的人脉资源。同时，在我看来，青年领袖工作在一定程度上可对未来国际事务和国际关系的发展变化进行影响。建立青年领袖机制，加强青年工作，拓宽民间外交渠道，有利于凝聚更多"知华派"，进而增强国际话语权，提升全球治理参与度和能力。

既然如此，为什么不在中国也创建一个国际青年领袖机制呢？这一想法在我心里萌发，同时我也很快开始行动。

2020年从慕安会归来，我在《环球时报》发表署名文章《打造"青年领袖"机制：激发全球青年人才思想力》，并向相关部委递交内部建言，呼吁建立中国的国际青年领袖机制，积极承担国际责任，为各国优秀青年提供公共产品。

与此同时，我开始着手"国际青年领袖对话项目（GYLD，全称为 Global Young Leaders Dialogue）"的筹备工作，在学习借鉴国际上已有的成熟运作模式的基础上，将平等、多元、全球化等理念全方位、立体化渗透到 GYLD 的组织架构、文化与视觉设计、中英文网站的建设等各个层面。经过将近一年的准备，国际青年领袖对话项目在多位国家部委领导、国际组织负责人、驻华大使、专家学者的共同见证下正式落地。

在新冠疫情期间，全世界还没有开放人员流动的时候，国际青年领袖对话项目已经把在中国的优秀国际青年们组织了起来。我希望在这个特殊时期通过智库与国际青年领袖对话机制的绵薄之力，为被疫情阻断的国际人文交往创新方式，架起桥梁，保持渠道。我带领国际青年们踏上了遍行中国大好河山的旅程，前往各地参观，向世界传递中国以开放胸襟欢迎国际人士，广纳天下英才的消息。因为有了充分的前期策划与准备，国际青年领袖对话项目的亮相非常亮眼，引起了社会的广泛关注，曾在半年内 8 次被总台新闻联播报道。

各国青年踊跃参加，他们向我提出，希望将在中国行过程中的所见所闻、所思所想，以及一些具有青年创意的建议通过信件的方式呈现给中国的领导人，以此表达他们做中国与世界沟通的桥梁、共同构建人类命运共同体的愿望。"对话"是国际青年领袖对话项目的核心，而青年和青年之间的对话、青年和民间的对话、青年和领导人之间的对话其实都是一脉相承的。

第一部分　世界上的风雨

看到青年们所展现的高涨的建言献策热情和意愿，我由衷地感到高兴，并大力支持他们同其他的国际青年进行沟通，去汇集更多人的想法。此后，来自28个国家的36位青年代表共同书写了一封热情洋溢的信，庄严署上每个人的名字，这封信最终到了国家领导人的书案前，并得到了回信：

"国际青年领袖对话"项目外籍青年代表：

你们好！来信收悉。你们都在中国学习、工作、生活，这次有机会到各地深入走访，加深了对中国的认识和了解，我感到很高兴。

正如你们在来信中谈到的，中国人民依靠自己的智慧和汗水，在中华大地上建设富饶美丽的家园，创造多姿多彩的文化，实现了梦寐以求的小康生活。要幸福就要奋斗。中国幅员辽阔、人口众多，要想发展振兴，最重要的就是立足国情、走自己的路。实践表明，中国式现代化新道路越走越宽广，将更好发展自身、造福世界。

青春总是同梦想相伴。中国共产党走过了百年奋斗历程，但我们的初心和梦想历久弥坚。百年恰是风华正茂。在新征程上，我们将继续为实现中华民族伟大复兴的中国梦而不懈奋斗，为促进人类发展进步而不懈奋斗。我们欢迎更多国际青年来华交流，希望中外青年在互学互鉴中增进了解、收获友谊、共同成长，为推动构建人类命运共同体贡献青春力量。

祝愿你们在华一切顺利！

国家领导人的回信让我们备受鼓舞，更坚定了我将这个项目做好的信心。

每个人都与他们所处的时代休戚相关。我一直庆幸于出生在中国，出生在这样一个时代，让我可以有机会从事与全球化相关、与智库相关的事业。GYLD 是 CCG 在中外人文交流上不断探索创新的一次生动体现。从被推荐为慕安会青年领袖到创办国际青年领袖项目的这段经历，是 CCG 不断成长的反映，也是我个人作为智库创办者不断成长的历程。

CHAPTER

2

第二章
创办中国自己的智库

2008年是美国学者丹尼·罗德里克所说的"超级全球化"的高潮和转折点。这也是CCG创立时的命名灵感之一。这一年，中国迎来了改革开放30周年，奥运圣火首次在北京点燃。同时，全球遭遇了近百年来最猛烈的金融海啸，世界经济走到了一个历史转折点。正如狄更斯在《双城记》里的第一句话："这是最好的时代，也是最坏的时代。"在这个剧变开始的历史性时刻，全球化智库作为中国第一家以"全球化"为名的研究机构诞生了。

应"运"而生

为什么要在中国创立一家社会智库？关于这个问题，我和辉耀谈论过很多次。

月晕而风，础润而雨。在迈入21世纪的第一年，中国就发生了两件大事："入世"成功与"申奥"成功，这是中国的大事，也是世界的大事。这是中国正式踏上全球化这趟列车，并成长为世界上最引人注目的新兴大国的开始。2010年中国GDP超过日本，一跃成为世界第二大经济体！这意味着从这一刻起，中国的角色将发生重大改变。随着国际地位的提升，中国与世界的经贸、安全、能源、网络、公共卫生、气候环境等方面的关联和互动越来越密切，中国的政策制定需在不断融入和影响世界秩序的过程中，避免犯错或尽量少走弯路。

改革开放这些年孕育了中国的市场经济和民营企业，21世纪初的中国，杭州万向、四川希望等一大批民营企业纷纷崛起，其带来的"鲇鱼效应"在众多行业显现。相比之下，中国的思想市场仍不成熟，特别是政策研究的市场还缺乏智库尤其是社会智库的参与。英国著名经济学家罗纳德·科斯（Ronald Coase）曾几度提及思想市场对中国未来改革的重要性。这位新制度经济学的鼻祖、产权理论奠基人、诺贝尔经济学奖得主认为"中国经济面临的一个重要问题是缺乏思想市场，这是中国经济诸多问题的根源。"

那时的我虽不是一个智库专家，却对做智库的重要性和紧迫性逐渐有了清醒的认识。与其坐等中国社会智库的春天到来，不如投身这个新鲜的领域，做领头羊。如果说在当时创办一家社会智库是个"疯狂"的主意，那么我愿意成为这个"疯狂"

主意的实践者。经过儿时接受的中国传统文化与文学熏陶，成年后对中国当代政治演化的学习，以及对个人和群体命运的深刻思考，"为天地立心，为生民立命，为往圣继绝学，为万世开太平"已深入我心。

于是，在中国创办一家国际化社会智库的想法，成为辉耀与我的共识，也成为我们共同努力的目标。后来的事实证明，辉耀关于智库的思考和理解是非常准确、富有前瞻性的，在我们同舟共济的路上，他丰富的人生阅历和工作经验对智库的发展起到了关键作用，他的国际化视野、战略性眼光、对机构发展的准确定位，对风险与机遇的预判和把控，整合起包括智力资源在内的多种资源；更发挥了自身的号召力、感染力和影响力，吸引和凝聚了一大批优秀的专家学者。

北京奥运会的成功举办如同中国改革开放三十年成果的一次集中展示，中国以开放和自信的姿态欢迎来自全世界的朋友，用高水平和高质量的服务成功举办了一届"无与伦比"的奥运会，这让世界对中国刮目相看。"同一个世界 同一个梦想"的奥运口号发出了中国开始与世界密切联系的信息。也正是从这一年，中国开始用更加积极的态度参与全球治理和国际发展。

"同一个世界 同一个梦想"，这不就是全球化吗？于是，在北京奥运会举行的同一年，我们以"全球化"命名智库，开宗明义，致力于推动中国参与世界全球化的进程。

在全球化的世界中行走

全球化智库初创之时,我们在琢磨名字方面下了一番功夫。起名是一门艺术,名字既需要响亮,也需要有很高的辨识度。我们刚开始起名时,英文名字想了好多个,按照智库的定位,英文名字应设定为"China and Globalization Center",缩写为 CGC。我们的老朋友、香港恒隆地产董事长陈启宗先生这时提出了一个非常有价值的建议。他认为按照英语的表达习惯,"Center"应该放在前面,这样更国际化一些,而且,英文缩写"CCG"更朗朗上口,容易让人记住,于是智库的英文名就这么定了下来。

在我心目中,陈启宗先生是中国最国际化的人士之一。他常年行走于世界舞台,热情参与国际化、世界性商业与社会公共事务,致力于推动中西交流。

2013 年陈先生要组织中国企业家参访以色列,这项活动,陈先生已经组织过多次,每次参访人员都有二三十人,受到以色列总统和总理接见,推动了两国在科技、教育等方面的合作。那个时候,我儿子刚出生 20 多天,但是在了解了访问的日程安排后,我感觉机会难得,所以决定随团前往以色列,当年和我们同行的还有网易创始人丁磊和他的夫人,以及宗馥莉和她的母亲。那次访问收获很大,我们在半个月时间内参加了投资论坛,与特拉维夫大学的校长进行了交流,参观了创业公司,还参加了以色列总统佩雷斯的 90 岁生日会。那次参访后不到一年,在陈启宗先生在建福宫专门为佩雷斯举办的访华见面会上,

第一部分　世界上的风雨

我们再次见到了佩雷斯，当时90岁高龄的总统先生依然精神矍铄，思路清晰。见面会的举办地建福宫位于故宫的西北角，早年曾毁于一场大火，后在陈启宗先生的支持下，得以重建并恢复昔日风采。

陈启宗先生对全球政治经济走势、历史文化等话题有深入的研究，是一位广受欢迎的思考者和分享者。他每次的演讲都非常有深度。在进行英文演讲时，他靠幽默的语言风格和大胆而直率的论述，被外国人广泛接受。陈先生曾经对我说："最早敢'怼'老外的就是我，我说的话哪怕不中听，美国人也是愿意听的。"用直来直往却又不乏幽默的语言向国际社会"讲道理"，这可能是中国人在对外交流中最需要做到的。所谓"构建中国的新叙事体系"，其实根本上也是用讲道理的方法来向世界表达中国的意愿和价值，关键是讲道理要讲到点上。陈先生完美地将"讲道理"和"会说话"结合在了一起。

陈先生的说话风格和工作方式对我的影响很大。我后来在许多国际公共场合常常会遇到一些很刁钻的问题。例如，有些场合，西方人士常用"人权"问题来为难中方的嘉宾。这时候我一般直截了当地用"No"堵住他们的追问，然后再进行解释和说服。直来直往地面对，有理有据地说服，这就是我从陈先生那里学到的讲道理的方式。

对于我们打造中国最有影响力的国际化社会智库的目标，陈启宗先生非常支持，更亲力亲为来帮助我们，他从不缺席

CCG 的年度论坛，而且每次一待就是两天。两天时间对于陈启宗先生而言，是非常宝贵的，在繁忙的企业管理之余，他乐于花时间、花精力参与和组织智库发展，推动国际交流，这让我特别感动。

陈先生每天都要读大量的报纸，以获取各种信息。他随身还带着一个小笔记本，密密麻麻地写满了字。实在不方便记录时，他就会对着手机说几句，录下所见所闻。耳濡目染多年下来，我也养成了随身带笔记本的习惯，每次参会、听会或者会客时，有什么信息或者灵感就顺手记下来。在国外的忙碌活动中，我常常一天要访问会见几十位客人，参加五六场重要活动，忙得像旋风一样。现场记录的信息也就成了后来我在研究交流中的无价之宝。

▲ 陈启宗先生到访 CCG

第一部分　世界上的风雨

在我创办和经营智库的这些年里，像陈启宗先生这样为我带来启发和灵感的引路人还有很多。比如，香港特区政府原财政司司长梁锦松先生。CCG 在香港的事业❶发展离不开他的鼓励和支持。他非常关注 CCG 的发展，每次见面都要询问我智库的发展情况。我也因此养成了习惯，跟他见面前总要复盘一下 CCG 的近期工作，还有一些最新的国际国内的大事。梁先生斯文儒雅、绅士周到，同时又充满亲和力，一次在香港与他一起用早餐时，我告诉他，自己是他夫人伏明霞的粉丝，伏明霞是世界冠军，很了不起。他幽默地鼓励我："当世界冠军为国争光了不起，你做智库也了不起。"他经常说，支持智库就是为国家做贡献。这种诚挚的爱国之情与赤子之心也是我在与梁锦松先生的交往中时时刻刻可以感受得到的。再比如，携程旅行网创始人梁建章先生。我常说，就算梁先生不是"智库人"，也有一颗"智库心"。但凡见面，我们都会围绕彼此关注的学术问题和时事政策进行交流，有时能长达数个小时，他对公共议题的关注和研究真正体现出一位知识分子的情怀。

商务部原部长陈德铭先生和原外经贸部副部长龙永图先生是 CCG 的"定海神针"。他们都有着丰富的国际交往经验，又

---

❶ 2017 年 11 月，CCG 香港委员会成立。该委员会旨在集合香港社会各界人士力量，推动粤港澳三地深度融合，加强政府、企业、金融等方面交流合作，助推香港地区及中国经济整体新增长。梁锦松先生担任了 CCG 香港委员会名誉副主席。

具备深厚的专业知识和深邃的政治洞察力。每次出席 CCG 举办的活动时，陈先生和龙先生做的主旨发言不仅言之有物，而且掷地有声。2023 年 CCG 举办年度中国与全球化论坛时，陈先生刚刚从国外回来，结合他在国外考察的成果进行了即席演讲。演讲直面后疫情时代的许多问题，可谓字字珠玑，获得了与会者的积极反响。

▲ CCG 香港委员会成立仪式（2017 年）

第一排左一至左七的嘉宾分别为：香港城市大学前校长张信刚、霍英东基金有限公司永远董事霍震宇、中信资本董事长兼首席执行官张懿宸、香港特区政府首任律政司司长梁爱诗、国务院国有资产监督管理委员会原主任李荣融、恒隆地产有限公司荣誉董事长陈启宗、全国政协副主席梁振英。

创业维艰

2008 年，北京市朝阳区大望路，万达广场 30 层，在一个

第一部分　世界上的风雨

仅有 100 多平方米的办公室里，全球化智库正式成立了。当时我们将办公区隔出了七八个工位，把小卧室改装成会议室。CCG 的第一批员工只有五六个人，但大家都非常优秀，他们来自五湖四海，有着多样的技能和经验。为了解决人手不足的问题，常常每个人都身兼数职。直至今日，他们中的大部分还站在我身边。南宋心学大家陆九渊说"人同此心，心同此理"，多站在员工的立场上思考他们的诉求才能聚得拢、凝得住人心。

和很多初创企业一样，创办初期，我们面临着缺乏资金、缺乏人才、缺乏知名度等种种困难。与大多初创企业尤其是商业性公司又不一样，社会智库在中国几乎是一项新生事物，缺乏可以复制的模板，所以，即使我们有再好的研究成果和建议，再多的想法和理念，也需要找到可以落地的运营模式，否则只能是一份情怀。

创业初期，我们的首要任务是"活下来"。

作为一家民营智库，没有经费的支撑，起初的几年，我们每年需要自掏腰包作为智库的运营经费，辉耀没把 CCG 当成一个企业来做，没指望能有什么商业回报，他是把 CCG 当成公益和毕生事业来做。话虽如此，我也充分认识到，如果仅仅依靠发起人出资是很难长期维持智库的运营的，我们需要尽快找到"生存之道"。

早在 CCG 成立之前，辉耀就已关注和研究海归人才十余年。作为一名在 20 世纪 90 年代初期回国创业的海归，辉耀亲眼看到、更亲身经历了海归回国创业的汹涌大潮。他认为，留学海归群体是中国国际化人才的一个重要来源，海归人才对于中国未来的发展至关重要。所以，在做智库之前的很长一段时间里，他都将自己的时间一分为三，其中 1/3 做公益社团，1/3 做自己的事，还有 1/3 做研究。2008 年之前，辉耀就已经出版十多部关于中国海归研究的著作，还参与创办了欧美同学会商会、欧美同学会 2005 委员会、欧美同学会建言献策委员会等高端海归社团，为推动中国的海归大潮做了大量工作。

智库影响力的大小根本上取决于研究成果的质量。CCG 成立以后，我们首先将研究目标锚定在海归这个优势领域，扎实做研究，一步一个脚印，一点一滴地进行数据积累、案例积累与分析范式积累。智库成立的第四个年头，我和辉耀编著的《国际人才蓝皮书》丛书出版，《中国海归创业发展报告》《中国留学发展报告》《海外华侨华人专业人士报告》等一系列研究成果引起了全社会的广泛关注，我们基于专业的研究积淀，不断为国家部委、政府部门建言献策，逐渐积累了一定的知名度，社会各界知道 CCG 的人士慢慢多了起来，不断有新的优秀人才加入我们的团队。2012 年，把办公室从万达广场搬到位于光华路的汉威大厦后，办公空间扩大了数倍，我们开始扩招，以充实各个部门的力量。越来越多的社会人士也开始认识到智库在推动社会进步方面的价值。

"玻璃大王"曹德旺先生就是对我们帮助最大的企业家

第一部分　世界上的风雨

之一。

曹先生有一架私人飞机，在我看来，他的私人飞机是一件生产工具。福耀玻璃在全球建有多个生产基地，曹德旺先生每个月都要到福耀玻璃的全球工厂巡视，飞行强度很大，常规航班很难满足他的需求。为了工作方便，他会乘坐私人飞机往返。我也有幸多次搭乘曹先生的私人飞机到福耀玻璃全球工厂参观。这是一架波音737，虽然是私人飞机，但机舱内的设置简单又朴素，除了客人的座椅，只有一间他自己的休息室。让我印象比较深的是，飞机上到处都放着最新的报纸，这说明他接收信息的强度很大。

数次从福州飞美国的十多个小时，成了我了解曹德旺先生的好机会。他没有架子，从容，随性，和我聊的话题非常多，从怎么识人辨人到如何分析财务报表，他还给我讲过自己的创业经历，也就如何做智库帮我出主意。

他曾说："别看你是博士，有时候可能成于此也败于此。你的思想是有框架的，读死书、死读书、读书死，有时候读书读得多了，对好多事就有了先验的成见，所以就容易跳到一个框框里拔不出来。我是没框架的，有时候我反而可以把事情看得更清楚。"

我非常佩服他对制造业几十年的坚守，他曾经对我说："你做的是社会的事，你的心比我大。我这辈子就专注做'一片玻璃'，我就想把一条生产线真正研究透。"我想，正是因为这份专注，福耀玻璃集团才能在几十年时间里从东南一隅的乡镇小厂成长为一家具有全球影响力的跨国集团。我常常用曹先生的这份专注激励自己，虽然做智库需要与各种各样的人打交道，有时会显得事务庞杂，但我时刻提醒自己保持和坚守做智库的那份初心。

2019年，由美国前总统奥巴马投资制作的纪录片《美国工厂》一经上映便引发中美热议。这部影片讲述的就是福耀玻璃在美国俄亥俄州开办工厂的前因后果，借此分析了美国制造业衰弱的问题，以及中美企业在文化上的种种差异。俄亥俄州代顿市是美国著名的老工业城市，莱特兄弟的第一架飞机在这里飞上天空，他们的自行车店至今还保留在市内。福耀目前在美国的厂址，原本是一家美国通用汽车的装配厂，2008年经济危机后关闭，2000多名工人因此失业。2014年，福耀花费1500万美元买下这座工厂，将其改造为一座18万平方米的玻璃制造厂。2016年10月，我和辉耀一起参加了工厂的启动仪式，当天的活动非常盛大，来自全美和其他国家的700多位嘉宾共同见证了这个重要时刻。

《美国工厂》后来还获得了第92届奥斯卡最佳纪录长片奖。作为纪录片的主人公，曹德旺先生也很高兴，他说："虽然纪录片对我有很多批评，但我很感谢导演。而且让我非常骄傲的是，在纪录片拍摄的几年时间里，我和我的美国工厂毫无保留地公开一切，我相信即使是美国的企业也不会做到这个程度。"美国俄亥俄州州长迈克·德万恩（Mike DeWine）在给曹德旺先生

第一部分　世界上的风雨

的表彰信中写道，福耀美国公司为该州创造了 2300 多个工作岗位，带动相关产业产生了 3800 多个就业岗位，刺激了当地经济增长，对迈阿密河谷的发展产生了显著影响。他感谢曹德旺在促进俄亥俄州与中国的联系上发挥了"民间大使"的重要作用。

曹德旺先生在 70 多岁时开始将自己的精力投入另一件大事上——捐资 100 亿，用于公共教育。2023 年，我一年里三次到福州看望曹先生，他亲自开车带我们到工地参观。

▲ 曹德旺先生（中）带领作者参观

也许正是因为曹德旺先生拥有这种坚定的企业家精神、笃信行善的价值、责任感和使命感、广博的社会关怀，他才愿意做与主流不同的慈善——捐赠智库。多年来，CCG取得的成绩也让他感到欣慰。最初与曹德旺先生交流时，我还听不太懂他的福清口音，后来随着交流的增加，我有时还能充当起他的"翻译"来了。

在智库刚成立的几年里，我的一项很重要的工作就是和别人解释什么是智库。时至今日，我们获得了像曹德旺先生这样具有国际视野、智库情怀的企业家的关注与支持，这是我们的幸运。

捐一所希望小学可以解决一个学校的问题；而通过进行一项好的教育政策或人才发展研究所形成的智库建议一旦被采纳，将影响千千万万的学校和无数的人才。龙永图先生多年前对我说："过去一个个制造业企业拼命流血流汗，打造了中国的制造业，打造了中国的经济。现在要靠智库，靠文化机构，一个一个积累起来打造中国的软实力。"

企业家捐赠智库，也是一种公益行为。比如著名的布鲁金斯学会、卡内基国际和平基金会等都是以捐赠人的名字命名的，我相信随着政策公益理念被越来越多的社会精英所接受，中国社会智库的路会越走越广阔。

智库中的"她"力量

从性别上看，我属于中国智库创始人群体里的"另类"。过去，从中国整个社会或历史传统的视角来看，男性往往在国家大事方面承担更重要、更广泛的责任。千百年来，公共政策领域和政治圈子一直是以男性为主的。早年去参加一些会议时，如果不事先自我介绍，很多人以为我是助理，这实际上体现了社会的固定看法。

世界是多元的，女性和男性各有特质，我们不同的特质共同构成这个世界。相对于男性，女性观察或者处理事务的角度可能更加全面，她们往往既关注人又关注事，内外兼顾，注重短期和长期目标的平衡。比如在制定决策时，男性视角会相对更聚焦所要实现的目标，目的性更明确；而女性在实现这个目标的过程中，会考虑到更多人并反复推敲各种要素，这也许会被评价为相对保守，但也正是因为这样，女性才能把控更多细节，照顾更多利益。

女性还有两个特质：共情和韧性，这些特质让女性更善解人意，能够承受或者化解的压力有时甚至更多。其实很早以前，我就在文学和叙事学中发现，女性看问题的视角很独特：细腻、柔和，又充满韧性。随着工作以后承担的事务越来越多样化，触及的思想越来越广泛，我的认知也更为清晰。这些年，在各种国际国内的交流中，这种感受越发强烈。

我发现女性在重塑叙事体系方面有着巨大潜力。通常来说，女性的叙述方式很特别，既有情感性的输出，也有多元化、多层次的连接，能够发挥出大象无形、润物无声的作用。更多女性的参与，能发挥女性在叙事方面的特质，建设更多元的国际形象。

遗憾的是，在国际各大论坛和公共议题中，女性依然是少数。女性面孔在全球安全、国际关系、政治经济等公共议题，以及全球治理等"硬话题"方面极少出现。这些年，在参加国际活动时，只要有机会，我也会提出针对女性议题的观点，比如在梵蒂冈宗座科学院的演讲中，我介绍道，自然和谐统一的理念根植于中国文化中，女性与自然（母亲）有着天然联系。中国古代哲学的"阴阳"理念蕴含着两种完美结合的力量，它们相辅相成，在生活各个方面与自然和谐统一。其中"阴"代表女性特有的能量，在全球治理事务的决策过程中，与保护地球相关的问题上应该赋予女性更多的话语权；女性更加宽容和富有同情心，在推动包容性全球化和多边主义进程中，也应更多考虑女性的观点。

最近几年的国际妇女节当天，我都会与联合国妇女署中国办公室联合举办活动，我希望可以借此让更多的女性参与到核心议题中，发出她们的声音。

每年活动议题的设置、人员的邀请是最需要花精力琢磨的。2022年，我把会议主题设定为"性别平等共创可持续未来：

第一部分 世界上的风雨

▲ 作者在梵蒂冈宗座科学院

性别视角下的生物多样性与气候变化",其中,生物多样性、气候变化和女性权利,占了联合国 17 个可持续发展目标(SDGs)中的三个。作为人类未来的关键性领域,气候变化和生物多样性保护等问题都需要更多女性贡献力量。然而,女性目前在为可持续发展做出贡献的同时,在气候行动中的权利、需求和领导力等方面在相当程度上是被忽视的。事实上,女性在灾难中死亡的可能性是男性的 14 倍,女性占全球气候难民的 80% 左右。而在亚太地区,环境相关部门中只有 7% 的部长是女性。

在未来全球变暖和气候变化的大趋势下，人类会面对更多诸如台风、洪水、干旱这样的自然灾害，按照现在的趋势发展下去，女性会比男性更容易成为受害者。我们需要越来越多的女性参与到气候变化领域的议题设置，通过体制和机制的调整为女性更多地赋权，唤起越来越多的人对女性权益的关注。

2023年，我将"21世纪促进性别平等的技术和创新研讨会"作为主题。之所以选择这个主题，是因为看到了科技迅速发展可能导致的社会问题。近年来，科技和创新的飞速发展，改善了女性的社会、经济和政治地位，带来了前所未有的进步，但也带来了深刻的新挑战，可能会延续和加深现有的性别不平等模式。女性参与科技工作和担任领导职务的机会依然有限，而且很少有人将她们视为技术开发人员、推动者和决策者；她们也很少被赋予权力。基于性别的暴力在现实中和虚拟环境里存在一种连续性，而科技通常会加剧个人或机构实施暴力的程度。

对于活动议题的设置，我的出发点是希望可以打破传统的以家庭、教育等为主题的探讨，将视野放到更广阔的国际层面，在全球重要议题上发出女性声音。

而在人员的邀请上，同样需要下一番功夫。我需要解决至少两个问题：

第一，邀请哪些领域的女性？第二，需要邀请男性吗？

结合会议的研讨主题，我们最终邀请了联合国妇女署、联

第一部分　世界上的风雨

合国开发计划署、联合国人口基金会、联合国教科文组织等国际组织的女性领袖，多国驻华女大使，国内基金会等非营利机构负责人、跨国公司中国区总裁，也有工信部、教育部等政府部门领导和高校的代表。总的来说，包含国内国际，覆盖政商学界，具有一定代表性。

对于第二个问题，辉耀给了我很多启发。辉耀曾与联合国驻华协调员常启德、荷兰驻中国大使贺伟民等一起参加联合国妇女署中国办公室在北京举办的"与她并肩，携手同行"男性参与圆桌论坛。联合国是一个倡导两性平等的地方。在"可持续发展目标"中有一项目标就为在2030年之前推动实现世界的两性平等。女性地位的提高永远无法由女性单独完成，邀请男

▲ CCG与联合国妇女署中国办公室联合举办国际妇女节活动

性作为伙伴，使其成为性别平等的推动者，为妇女赋权和赋能做出贡献，同样重要。所以，必须要邀请男嘉宾出席，而且这不正是两性平等的最好体现吗？

事实证明，这两次研讨会都取得了不错的效果，除了几十名代表线下参会，还有超过三十万名观众在线观看中英文双语直播。

2023年10月，我非常荣幸地当选中国妇女第十三次全国代表大会代表，这个新角色，是对我过往工作的肯定与鼓励，让我对继续推动这项工作有了更多信心。

我一直认同，"包容"和"开放"是我们致力推动的，也是CCG团队文化的重要组成部分。在CCG，女性员工占全体员工数量的一半以上，这让很多来智库参访的外国人都觉得惊讶。不仅如此，我们给女性员工足够的关怀和照顾，在产假时长和带薪休产假等女性权利保护和员工福利政策上待遇优厚，大大领先于同行业，甚至领先于中国的许多其他行业。我为我们的男性同仁骄傲，他们认同性别平等理念，真诚尊重女同事。正如"软实力"概念的提出者，约瑟夫·奈先生在和我的一次聊天中所说的那样，女性和男性确实有很大区别，就像软实力和硬实力一样，但人类社会应该两种实力兼备。

▲ 作者在人民大会堂参加中国妇女第十三次全国代表大会

CHAPTER

3

第三章
智库美学

智库的外在形态是什么？它和智库的内涵之间有什么联系？智库应该如何呈现自己，如何有效运转？自 CCG 创建以来，我一直在思考这些问题的答案。它不是凭空诞生的。说起来，最早给我带来灵感的还是美国兰德公司。

兰德公司的启发

兰德公司总部位于美国加州洛杉矶的圣莫尼卡。我初次访问兰德公司时，就被这家"白宫第一智囊"的"堂堂仪表"所吸引——它的主体建筑由两段白色弧形五层大楼构成，首尾相连，中间是一个呈柳叶状的大型封闭天井。整个总部占地近三万平方米，公司标志很明显，大门却设计得非常别致和隐秘，若不是有人接待，访客很难找到进门的地方。我猜想，这大概与兰德公司主要做军事研究有些许关系。这栋大楼会让人情不自禁地联想到五角大楼，因为它也有一个封闭式的天井。只要内部能提供足够的服务，工作人员很容易自成一体，傲立一方。

建筑虽然宏伟，但有点"自我封闭"的方式并不符合CCG提倡的交流和沟通的风格。兰德公司内部真正吸引我的是两个方面。一方面，刚一进门，就可以看见一层的墙上挂满了兰德公司从20世纪40年代开始的创始人、捐赠者、历届主席、高级研究人员的头像，就是这些照片里的头脑集合成了影响世界的"思想库"。长廊里最引人注目的是一份珍贵的历史资料，即1945年年底，美国陆军航空队与道格拉斯飞机公司签订的一项1000万美元的"研究与发展"计划合同，这就是有名的"兰德计划"。正是这一计划促成了兰德的诞生。"兰德"的英文"RAND"本身就是"研究和发展"这三个英文单词的缩写。

兰德总部的这一陈设，展现出国际智库讲求历史和个人在机构发展中的重要作用。这在几乎我们访问的每家国际智库的空间展示上都得到印证。这也让我意识到，一家智库，无论其历史长短，正面向访问者展示其发展历程、价值理念，有助于增进它与来访者之间的了解与互信。因此，在CCG北京总部的建设过程中，我们也将此前曾经参与的重大活动、研究成果等集中进行展示，让访问者在20分钟内就可以对智库的情况有充分的了解。

另一方面，兰德公司的选址也让我产生了浓厚的兴趣。圣莫尼卡曾是美国飞机制造巨头道格拉斯公司的所在地。兰德公司最早由道格拉斯公司资助，因此自然也就将公司总部设在道格拉斯总部的所在地。此外，在距离圣莫尼卡仅有两小时车程的圣迭戈，则是美国西海岸最大和最重要的军港。这也让从事宏观战略安全研究的兰德公司获得天时地利之便。美国人买房时常挂在嘴边的"位置！位置！位置！"，在这里表现得淋漓尽致。

后来我在华盛顿走访调研的过程中，发现美国的"智库街"——马萨诸塞大道距离白宫步行最多只需20分钟。美国智库的地理分布形态，直观地显示出其与美国权力中心的密切联系。全美约四分之一的智库都设在首都华盛顿哥伦比亚特区。事实上，"智库街"只是马萨诸塞街的一段，在这段几百米长的街道两侧，比邻而居的有布鲁金斯学会、卡内基国际和平基金会、兰德公司华盛顿联络处等多家重量级智库。

我们将CCG的总部设在北京，因为这里不但是全国的政治中心，也是全国高等院校、科研院所最为集中的地方。对一个"以人为本"，追求影响力的智库来说，这些至关重要。同时，对CCG而言，建设一家国际化社会智库是我们的目标，所以进行国际沟通与交流属于日常工作，兰德公司的选址启发了我们，要尽可能接近我们的"受众"，例如国际组织、跨国公司等。所以自成立以来，虽然CCG也经历过办公地址的变化，但我们总部地址一直落在北京国贸一带。从我们机构出发，步行数百米，就可以到达芬兰驻华大使馆、新西兰驻华大使馆以及英国驻华大使馆等。因此，在举办各种活动时，有些国际商界人士和国际组织驻华机构代表只需要走十分钟路就可以到达CCG总部，极大地方便了彼此往来。

从CCG确定选址之后，我就一直在思考它应如何呈现其特质。受兰德公司启发，我意识到要给外界留下CCG的好印象，必须从感官上和心理上入手，形成一整套自己的表达方式。换言之，要形成一套"智库美学"，以润物细无声的方式传达出智库的精神、价值观和文化。它是一种语言和叙事，并通过种种细节表现出来。

生存美学：形式很重要

谈到"美学"，就不得不提苏联文艺理论家巴赫金。当年我热衷于阅读巴赫金的"生存美学"理论，钟爱俄罗斯文学作品。这是因为类似的文本具有一种从宏观、整体的角度关注复杂时代变化、国家演化与人类命运的人文关怀。CCG所从事的工作，本质上也是宏大叙事的一部分。它将个人行为与这个国家，甚至整个地球的命运紧密联系在一起。

巴赫金的"生存美学"联结了个人和机构的内涵与外延。CCG提倡包容、对话、接纳与沟通，那么，它的审美必然也要考虑接触和对话方的审美风格，既要给人留下深刻的印象，又不能因为与对方的审美格格不入而被拒之门外。这样的思维后来渗入我的工作风格和CCG的灵魂中。但关键问题在于，如何用外在形式来展现我们的观念与思想？

美国智库在这方面给了我很好的启发。在这个国家里，保守派智库和自由派智库的内部装饰对比鲜明。传统基金会、美国企业研究所等智库的内部装饰往往采用大量木材：暖色的木制护墙板，木制天花板吊顶。地上铺着主色为蓝色的绣花地毯，墙上挂着古典主义风格的油画，整体风格沉稳大气，其繁复的装饰甚至让人嗅到一丝宗教的气息。而自由主义传统浓厚的布鲁金斯学会从内到外都简洁明快，线条清晰，色调干净，毫不拖泥带水。

显然，智库存在某种只可意会的"语言"，向来访者传递着它的独特信息。

在CCG创立之初，我思考着如何构建这样的语言。草创之初，没有足够的精力和人力去揣摩详细的方案，所以我决定从最基本的元素入手，在Logo设计等方面展现出CCG的特点，将"交流""沟通""共识"等关键词作为指导原则。这要求CCG的气质既要谦虚，也要热情；既要低调，也要显著；既要严肃，也要活泼。我们既需要让对方第一时间记住CCG，但又不能给对方留下咄咄逼人、自傲自大的印象。所以在CCG的标志上，我们选择以蓝色为基调：这是海洋和天空的颜色，蕴含着和平、开阔、博纳之意。受此影响，蓝色成为CCG的常见色，出现在我们出版的图书、报告的封面中，我们主办活动的邀请函上，甚至总部的欢迎屏也以蓝色为主要背景色。

从我个人而言，作为智库的秘书长，我代表着智库的形象，所以个人的着装其实也是智库美学的重要组成部分。这就决定了我在服装的选择上需要有所取舍，比如，在很多国际场合，总能看到穿一袭旗袍的中国女性。我本人也非常喜欢旗袍，但考虑到智库的角色是桥梁，尤其在国际场合中，发挥着融贯中西的作用，所以出席大部分场合时，我会选择公务套装，然后在配饰、颜色等细节融入一些中式元素，在融入国际的同时，体现中国风格。个人着装也需要照顾场合的功能性需要。合适的服装甚至可以带来一些小小的"惊喜"。

2016年，CCG在马来西亚参与举办了第八届世界华人峰会。那次峰会是马英九卸任中国台湾地区领导人后，第一次出岛参加活动。除了马英九，受邀的各方政要还包括澳大利亚前总理陆克文、巴基斯坦前总理阿齐兹。在正式大会手册中，马英九的头衔被拿掉了，只留下"阁下"一词的英文缩写（H.E.）。此外，大会手册对马英九的演讲题目也做了更改。对于这些变动，马英九十分恼火，见到我们时也不免带着情绪。

在形形色色的人中，我一眼便注意到了马英九，曾被媒体冠以"小马哥"昵称的他依然英俊斯文、风度翩翩，格外醒目。我主动向他问好道："马先生您好，我是本届峰会的中国合作方全球化智库的秘书长苗绿。"他朝我微微点头："苗绿？这个名字有意思。"

他的语气隐约有些古怪。但还未等我反应过来,他又问道:"你怎么叫苗绿呢,你们不是都讲求根正苗红吗?"那一瞬间,周围仿佛突然安静了下来,余光所及好像都成了慢动作,各路媒体记者纷纷举起相机,噼里啪啦按下快门,闪光灯此起彼伏。我意识到,这是一个如此重要的国际场合,任何一句作答都需要格外谨慎小心。首先,这个"绿"是什么意思?对于来自蓝营的马英九来说,颜色或许代表着某种政治含义?"红"又代表了什么?作为会议合作方,我当天身穿红色公务套装。他是注意到了我今天穿着的红色套装,还是……电光火石之间,我脑海里闪现出很多画面,但我迅速稳定情绪,回答道:"绿代表可持续发展,这是世界各国的共识。"

听到这个解释,他的眉眼略微舒展了些,勾起嘴角浅浅一笑,看来这个难题我作答得还算不错。

峰会第二天的晚上,举办了一场气氛较为轻松的晚宴,这次,我没有再穿昨天那套红色的套裙,而是换上了一套浅色连衣裙。在现场,我再次见到马英九先生,我去和他打招呼,因为有了第一天的铺垫,大家熟悉了许多。他笑着对我说:"你又来啦,苗红?"我只能哭笑不得地向他重申道:"不好意思,马先生,我叫苗绿。"

▲ 作者在全球华人经济峰会上与马英九先生交流

看来，那身红色套装让他牢牢记住我了。毫无疑问，"形式很重要"。美国前国务卿玛德琳·奥尔布赖特曾在自传《读我的胸针：一位外交官珠宝盒里的故事》中谈道："由于我的前任都留着胡子、不穿裙子，我这种利用胸针来传递信息的做法在美国外交中显得十分新鲜。"她佩戴的胸针一度成为政坛议论的焦点，因为每一次她佩戴的胸针都会表明她的立场和心情，胸针成了一种政治风向标。在中东和平论坛发表演讲的时候，她佩戴了和平鸽胸针。在美国国会就中美关系作证时，为促成中美经贸洽谈成功，她选择了陶瓷碎片烧制成的一枚中国龙胸针。除了胸针，丝巾也是外交场合的搭配神器，记得几年前参加慕安会时，欧洲央行行长拉加德就穿了一袭黑色连衣裙，外加一条颜色亮丽的丝巾。胸针、丝巾等配饰如果可以点缀得恰到好处，就能成为"关键少数"，其中的学问是值得好好琢磨一番的。

▲ 在慕安会同台研讨的拉加德（左三）的亮色丝巾格外显眼

智库美学思维的深度延伸

随着国际交流的开展，我意识到，智库的每一样外在内容都与其想要传递的信息息息相关。所以，我开始把 CCG 的智库美学体现在日常的方方面面。

这里首先想提一下国际青年领袖对话项目 Logo 设计的故事。

对于一个定位为面向全球青年的公共产品，设计一个什么样的 logo 是我一直冥思苦想的问题。我希望这个标志能凸显项目的核心精神：倾听来自全球各民族、各文化背景的青年的声音，欢迎来自全球各个地域的青年欢聚一道，进行思想融汇和交流。想要在一枚小小的 logo 中体现这么多内容，并不容易，这件事困扰了我很久。直到有一次，在和校友进行交流时，我提出了这个问题，想征求下大家的意见。洛客设计平台的创始人贾伟对我的想法很感兴趣，后来我们又多次沟通，最终决定主图案由两种色彩不同的声波组成，象征着青年人的活力；声波跳动有序，象征有张有弛、律动着的青春。两色声波又有如山水剪影，既分立而安，又和而共生。选取粉色和蓝色这两种鲜艳却不过分夺目的色彩，象征了青年人既大胆创新，又谦逊向学的思想态度与独特的文化生产力。这些因素汇集在一起，形成了 logo 的整体形象，同时蕴含中国"仁者乐山，智者乐水"的处世哲学。

同样的，CCG 的月度杂志、智库年报以及其他出版物的封面都经过了同事们的一次次探索、碰撞和创新，富含深刻内涵。

比如2020年的年报封面最下方是蓝色的水波，水波上有一个天平，一轮朝阳在其后冉冉升起。天秤象征着平衡，初升的朝阳象征着曙光，代表着全球化智库在国际上力求平衡中国与西方，在国内力求平衡体制内外以及产、学、研和社会各界的不懈追求。2019年的年报封面则是一片绿色的大地，左右各有两棵树，树干和树枝组成了两个人的大脑，两棵树中间有许多飞鸟，代表两个人的思想沟通，也代表中西方的思想沟通，象征着全球化智库致力于增进中西以及社会各界的思想交流。

智库美学已经体现在CCG每项工作的细节之中。在举办重大活动时，嘉宾桌卡的设计，除了在字体上有严格的要求，在字号上也会作出要求。CCG的嘉宾桌卡都是双语设计。而且如果是中国嘉宾的桌卡，卡面上的中文比英文要大一个字号；而如果是外国嘉宾的桌卡，英文就需要比中文大，这样方便中外嘉宾辨识，是一种平等，也是一种尊重；对于嘉宾的座位安排，我们不仅会考虑相邻而坐的嘉宾个人关系是否良好，也会考虑背后所代表的国家之间关系是否良好。有些时候，我们还会应相关国家代表的要求，更改接待规范。有一次，在接待某国代表团时，考虑到他们的文化习惯，我们将现场的展示屏幕全部换成了对方喜爱的大红色，甚至连桌卡也都换成了红色。

实际上，"智库美学"帮助CCG设定了行事规范。甚至在一定程度上种下了它生存发展的基因——事无巨细，均以相互理解和尊重为前提，为沟通和交往提供直接、明确且专业的条件。

随着国际交往的日益增多，CCG"智库美学"的外延也不断扩大，内容不断丰富。

有一年春节刚过，我就到德国参加慕安会，等出差半个月回到办公室时，发现办公桌上堆满了各式各样的小礼物，其中一件彝族刺绣颇为显眼，这个小礼物来自联合国开发计划署（UNDP，全称为 United Nations Development Programme）。在云南彝族，刺绣技艺在母女间代际传递，这项古老的非遗手工技艺已传承了千年。UNDP通过帮助当地妇女将刺绣产品打入更大的市场，来保护彝族文化。这些年，我经常收到来自国际组织、驻华大使馆寄来的小礼物，通过这些小礼物，我可以很好地了解这些机构正在做什么，或者在推动什么理念。互送礼物不但可以维系彼此的良好关系，更成为推动民间外交的一种链接。

这些细节给我带来不少启发。几乎每周，我们都要接待来自不同国家的政要、各国驻华大使、国际组织负责人，以及知名学者。为来智库访问的国际友人赠送一份小礼物，既体现了对来访者的尊重，也可以展示智库的机构文化与价值观，加深双方的了解与信任。

那么，赠送什么样的小礼物呢？

我们首先想到的是智库的特色产品：图书，虽然这个礼物稍显"严肃",却是智库价值的最好体现。除了这个"严肃"的礼物,我们又考虑到礼物还要有温度,有实用性,有象征性,最终,我们设计了不同的产品。

比如,我专门为国际友人定制了憨态可掬的熊猫毛绒玩具、形象生动的熊猫刺绣等小礼物。熊猫是来自我的家乡、巴蜀大地的国宝。它温和、友善的性格代表了中国文化中的和平与友爱。中国政府向一些国家赠送熊猫,以促进友好交流。这些熊猫成了外交使者,也成了中国文化的代表。

礼物很重要,送出礼物的场合也很关键。

2023年,我们举办第九届中国与全球化论坛时,距离第二十八届联合国气候变化大会不足百日,为此,我们特意设置了"面向可持续21世纪的中美欧和全球气候对话"的主题研讨,并邀请了中美欧相关领域的重要人士参会,希望可以为大家搭建一个对话平台,为之后更官方的提案提供参考。通过一个偶然的机会,我了解到,会议当天恰好是欧盟驻华大使庹尧诲(Jorge Toledo)的生日,于是我提出现场为他送一只定做的熊猫毛绒玩具作为生日礼物。事实证明,这种细节其实可以带来四两拨千斤的效果,当我将一个栩栩如生的熊猫玩具赠送给他时,大使瞪大了眼睛,惊喜又开心,在场的各国嘉宾也都开心地笑了,气氛一下子就轻松愉悦起来,这些笑容,对我来说就是人文交往之光。

第一部分　世界上的风雨

▲ 向欧盟驻华大使庹尧诲赠送熊猫玩具

2024年3月，辉耀编著的、内容包括他与格雷厄姆·艾利森教授的一系列对话和研究的新书《跨越修昔底德陷阱》在CCG北京总部进行了全球首发，因为发布会的次日恰逢艾利森教授84岁生日，我们便提前准备好了一份生日礼物——一件熊猫图案的刺绣，由辉耀在发布会现场向艾利森教授当面赠送。这不仅是一份生日祝福，也表达了我们对于中美友好关系的珍视和致力于构建和平稳定世界的愿望。艾利森教授基于对历史上新兴大国和守成大国关系的观察，于2012年提出了"修昔底德陷阱"理论。近几年，"修昔底德陷阱"在中美关系研究领域中成为经常被引用的概念之一。然而，关于这一概念有许多错误认知，甚至有人认为这是历史宿命论的一种，并由此认为中美之间不可避免地要陷入战争。为对"修昔底德陷阱"概念进行澄清阐释，艾利森花费了大量的精力。十多年前，辉耀和我在哈佛大学期间便与艾利森相识，多年的交流让大家彼此了解。我们都希望可以直面分歧与挑战，寻求避免战争、跨越陷阱的方法，以更加开放和务实的态度探讨中美关系的未来。这就是《跨越修昔底德陷阱》的来源。

▲ 辉耀向格雷厄姆·艾利森教授赠送智库的小礼物

此外，针对登门拜访的短期访华外国嘉宾，我还定制了一款全球通用的电源转换器。转换器装在印有 CCG 标志的黑色丝绒套子里，可以适应欧标、美标等标准的电源插头转换，兼容国内 220V 电压和一些国家的 110V 伏电压，对那些短期访华的国际人士而言极具实用性，同时又成为智库价值和意义的一种直接体现——CCG 就像一个国际社会和中国社会之间的转换器，帮助双边实现连接和沟通。此外,还有"55度"保温杯,它让饮品始终保持55℃的恒温,刚好是不冷不热,让人感觉合口、温暖又适宜……每一件小礼物都有其独特的寓意,成为智库文化与价值观的体现。如今,这种以"小礼物"推进理解和友好交往的方式已深深植入CCG的思维中。

▲ 向意大利米兰布雷拉国家图书馆馆长詹姆斯·布拉德博恩（James Bradburne）赠送新书《我向世界说中国》和《CCG对话全球：理解21世纪的全球化、全球不平等和权力转移》

▲ 与来华访问的墨西哥外交部长艾丽西亚·巴尔塞纳（Alicia Bárcena）进行小规模午餐交流，并赠送《CCG对话全球：理解21世纪的全球化、全球不平等和权力转移》

"智库美学"还体现在其他很多领域。比如，在国际交往中，美食外交正变得不可或缺，美食成为推广一个国家品牌的重要工具，是许多国家提升知名度的重要方式。

有一次我们邀请法国驻华大使在北京的迦达花园餐厅用餐，当意大利驻华大使在我的朋友圈看到这条信息后，给法国大使留言评论："你去了迦达！"法国大使则风趣地回复道："是啊，我在意大利餐厅用餐。"很多朋友在这条评论后留下会心一笑的表情。法国和意大利都是著名的美食国度，均有着丰富的美食

第一部分 世界上的风雨

文化，大家都为自己国家的美食感到骄傲。这一来一往看似简单的对答，恰如其分地说明了饮食文化作为跨文化交际中非语言文化部分的重要性。

在德国总理默克尔即将卸任之际，德国政治文化杂志《西塞罗》(*Cicero*)主编曾向我发出约稿邀请，希望我可以写一篇文章回顾与点评这位纵横政坛的欧洲铁娘子，后来我给那篇评论文章起的标题就是《她是宫保鸡丁的粉丝》。2024年4月，美国财政部长耶伦访华，她抵达北京后，就直奔一家川菜馆……中国菜考验火候，川菜尤其如此。对于耶伦来说，美方同样需要掌握好中美关系的火候，探索出中美的相处之道。

我把北京的家当成了开展"美食外交"的重要场所，经常邀请外国智库专家、各国政要、驻华使节等上门做客。为了做好这个东道主，给宾客们提供美味的菜肴，我还专门把芬兰大使馆的厨师请了过来，为各种派对提供餐食。也许正如17世纪的外交家弗朗索瓦·德·卡利埃所言："良好的餐饮产生的自然效果是建立友谊关系的开幕式。"

美食、美饰与意味深长的"美言"相交、融合，这让CCG在国际交往场合中独树一帜。然而，"智库美学"并不会止步于此，它也体现在思想和行为当中。在国际交往与研究当中，我特别强调建设性，重视提出解决思路而非对抗。在2023年的第六届巴黎和平论坛上，我与论坛主席、OECD前总干事古里亚(Gurría)，国际商会主席玛丽亚·费尔南达·加尔扎(Maria

Fernanda Garza），德国联邦议院外交委员会成员诺伯特·罗特根（Norbert Röttgen），安永 EMEIA 地球战略负责人法姆克·克朗布勒（Famke Krumbmüller）同场研讨，在谈到逆全球化如何疗愈时，我提到，"不合作才是最大的风险，不发展才是最大的不安全"，作为论坛最后一天的一场颇具热度的讨论，巴黎和平论坛的社交媒体首页还专门将我正在发言的研讨会照片置顶。我想，这或许也代表了全世界大多数国家的心声吧。中国古代，向高层建言和提出倡议常有"芹曝之献"的说法。这也是我在创办 CCG 之初的小愿望，能够为这个国家甚至这个世界的发展和稳定作出"芹曝之献"。

时至今日，每次出国调研，穿梭在各种会议、社交场合时，我仍会随身带一个笔记本，随时记录现场的各种感受。多年以

▲ 第六届巴黎和平论坛的社交媒体首页置顶了作者的发言场次

来，这些笔记本已经成了"智库美学"的资料库，不断向我提供新的思路。我也很欣慰地看到，类似的思维已在 CCG 的文化中延续，成为我们这个小智库中的强大传统。

CHAPTER

4

第四章
走向世界

"国际化""影响力""建设性",这九个字是当初创办智库的时候,辉耀和我对 CCG 的定位,对于一家以"全球化"为主要研究对象的智库,国际化是必要条件。早年间我在北美留学,并对布鲁金斯学会、哈佛肯尼迪政府学院进行过访学,其间也对欧美几十家智库进行考察学习。近些年,随着国际环境和中国地位的变化,以及 CCG 影响力的提升,我们开始实现海外设点布局。这一路上,我们夙兴夜寐。现在看来,没有一次辛苦是白费的。

达沃斯的考验

2018 年是我和 CCG 走向国际舞台的重要年份。

CCG 成立以来,我曾受邀参加过不少国内国际的论坛,我发现，作为世界各国进行交往和联系的重要形式，论坛在国际社会中占据越发突出的地位。从2014年开始，CCG陆续开创了中国企业全球化论坛、中国与全球化论坛、中国人才50人圆桌论坛以及中国全球智库创新年会等，几年下来，我们渐渐形成了自己的品牌论坛矩阵，也算做得有声有色，不过，与国际上那些知名论坛相比，还缺乏足够的国际影响力。

达沃斯论坛是我一直以来关注的对象，作为设置全球重大议题的重要场域，其论坛与年会的举办形式，针对官、商、学多领域精英人士的管理方式，品牌凝聚力、民间外交特色等许多方面都值得借鉴。2018年年初，当有机会赴达沃斯小镇参会时，我意识到这是一个领略这个"世界经济风向标"风采的好机会。

位于瑞士兰德瓦瑟河畔的达沃斯，是阿尔卑斯山间海拔最高的小镇。冬季的达沃斯掩映在茂林积雪、连绵不绝的山峦中，"冰河列车"奔驰而过，穿行在田野、冰川、旷谷、飞瀑之间。尽管面积只有284平方千米，但是古往今来达沃斯的盛景和传说早已流传于柯南·道尔、约翰·西蒙兹等文学家的笔端，诺贝尔文学奖得主托马斯·曼以这里为原型创作了代表作《魔山》，使达沃斯的名字被嵌入世界文学。20世纪以来这座深藏山林的小镇越发"沸腾"了起来，早在1929年这里就曾发生过影响现代哲学思想的大事件——围绕著名哲学家马丁·海德格尔与卡西尔的"达沃斯论辩"。

冷战结束后，以探讨世界经济领域问题并促进国际经贸合作与交流为宗旨的世界经济论坛开始于达沃斯召开年会。每年1月的最后一周，世界各地的政府首脑、高级官员、企业家、科学家、学者、媒体人士等各类代表都会前往达沃斯参加论坛年会，在开年之际共同讨论国际经济的走向。参会人数一般在2000人左右。4天的日程里，除了主论坛，还有数百场边会，早餐、午餐和晚餐会。因其精英色彩极其浓厚，达沃斯的参会人员在西方媒体界获得了一个独特的称呼：达沃斯人。

达沃斯作为一个平台，对全世界有着极大的影响力。参加达沃斯论坛不仅可以近距离观察论坛的实际运作，更有机会接触并影响这些达沃斯人，想到这些，我不免有几分兴奋与激动。这种激动的心情在我听到开幕式上人们吹响阿尔卑斯长号时达到了顶点。长号声沉郁、悠扬，小镇的天空飘着小雪，小镇的两条主路上人头攒动。苍山白雪之下，各个国家鲜艳的国旗沿着主会场的外墙庄严地排开。这一切都在我脑海里萦绕，成为它留给我的最初，也是最深的印象。

不过，在激动的心情慢慢褪去之际，住宿、交通等现实问题也涌现出来，达沃斯思想之丰富与基础设施之匮乏之间形成了鲜明的对比。因为获得邀请的时间太晚，达沃斯小镇上的酒店早已预订一空，就连世界五百强企业的总裁都不得不到别处寻觅住处。我最后在距离该镇很远的山脚下订了一家酒店。从那里出发，需要乘两个多小时的火车才能到主会场，中间还得倒上好几趟车。在参会的几天里，我每天都乘着火车从海拔800米的山脚爬到海拔1560米的小镇上，然后身着正装和高跟鞋穿梭于各个会场、酒吧、咖啡厅和餐厅，不停地听会、讨论、交换名片，完全顾不上欣赏小镇的风景或感受它的历史文化气息。相反地，因为老是在积雪上走来走去，一天下来，我的鞋袜全部湿透了，手机也都没电了。这里一月份的平均温度大约是-5℃，但既然前往此地并非为休闲度假，而是来工作的，就不要讲究太多了吧。

遇上这种情况的也不光是我，大部分参会者在支付了昂贵的参会费用之后，都需要忍受住宿和交通的不便，以及积雪造成的湿滑。但这些达沃斯人似乎有一种奇怪的特点——越是不舒适的环境，越让他们精神振作。这也让头次参会的我感到此处的独特之处。在小镇的主要干道普罗姆旺街上，随处可以看到电视里常见的人物。他们在主干道两侧的参会企业店面里展示和宣传自己的品牌，在会场里搭设的简陋棚子里发表演说，简直无处不在。在这一漂亮得如世外桃源的小镇上，看着如此多的名人如寻常百姓一般出没、社交，竟然让我产生了一种割裂感。

其实，达沃斯的魅力正是在于全球精英会聚一堂带来的碰撞。倡导全球化是达沃斯的理念，全球公共事务在这里展开。每位参会嘉宾来到此处都不得不顺势做出改变，即使是当年伴着军乐队演奏曲出场的特朗普，也不忘用温和的口气为美国招商的同时，"讨好"这个全球化大本营，在这里，他第一次说出"美国优先"并非"美国独行"，而是支持公平的国际贸易规则。通过那次达沃斯之行，他收获了不少粉丝。

我的首次达沃斯之行虽然有辛苦付出，但也有不少收获。2019年，我们获得了达沃斯相关合作企业的支持，除了再次获邀赴达沃斯，更重要的是，CCG在这一年的达沃斯论坛期间举办了主题为"波折下的全球化发展新方向和新动力"的午餐研讨会。北京大学新结构经济学研究院院长林毅夫、创新工场董事长兼首席执行官李开复、清华大学苏世民书院院长薛澜以及清华大学国际关系研究院院长阎学通、FT中文网总编辑王丰和京东首席经济学家沈建光等十几位企业家、学者和媒体人共同参会，探讨了全球化出现波折的情况下，中国和中国企业应扮演的角色。与达沃斯论坛期间举行的所有边会活动一样，大家挤在一间不大的会议室里，围坐在摆满简餐、水杯以及桌牌的桌子前侃侃而谈。有限的场地反而拉近了所有人的距离，大家讨论得非常热烈，各路专家的共识是：只要中国持续保持真正的开放，全球化就有希望。

试水巴黎和平论坛

2018年年初的达沃斯论坛开启了我一年的紧张行程。这一年是中美经贸摩擦拉开大幕的一年，这是全世界空前关注的

第一部分　世界上的风雨

▲ CCG 在达沃斯举办"波折下的全球化发展新方向和新动力"主题午餐研讨会

▲ 作者在达沃斯见到老朋友艾利森（左）和弗里德曼（中）

事件。对我而言，这一年之所以难忘，是因为我能够有机会以CCG联合创始人的身份，将CCG带到有影响力的国际平台之上，让全世界听到中国民间智库的声音，了解我们的立场。

这一年里，我在国外穿梭参会的次数异常多，日程排得满满当当，在大西洋两岸和太平洋西岸之间飞来飞去。在如此巨大的历史张力之下，大家都在尝试理解现状和寻求对策。而CCG正好能够充分利用它在国际人脉上的积淀，这是智库的责任，也是不容错过的机遇。

在达沃斯之后是中国的农历春节。春节假期刚过没多久，我就前往位于意大利北部伊斯普拉湖畔的欧盟委员会联合研究中心[1]，参加欧亚可持续互联互通研究会议。在当时的国际环境下，"可持续"是维系欧亚合作关系的重点领域，无论是在中国、欧盟还是其他的欧亚国家和地区，各方在强化可持续合作方面的共识非常坚定。欧亚可持续互联互通会议是由数十个国家和地区联合发起的东西方合作会议，我们在风景优美的伊斯普拉湖畔详细讨论了各种倡议和行动方案。来自欧亚19个国家和地区、不同领域的20位专家围坐在一间并不很大的房间里，

---

[1] 欧盟委员会联合研究中心（JRC，全称为European commission's Joint Research Centre），是欧盟委员会下设的33个总司之一，成立于1957年，在比利时布鲁塞尔、比利时赫尔、意大利伊斯普拉、德国卡尔斯鲁厄、荷兰佩滕、西班牙塞维利亚拥有6个站点，雇员总数超过3000人。JRC是欧盟委员会的科学和知识服务机构，通过知识创新为欧盟提供政策制定工具，其研究成果为环境、能源安全、可持续交通以及消费者安全等领域做出了贡献。

进行头脑风暴，从不同角度，讨论了欧洲和亚洲的融合发展框架和指标体系，现场氛围十分热烈。明显感到，CCG对全球化的研究，尤其是人本全球化的研究受到欧盟委员会的关注，来自中国的声音也显得颇受重视。我围绕人文交流领域提出的多条建议被欧盟委员会采纳，成为最后报告采用的指标。

这个以"头脑风暴"著称的研究会议结束才一个多月，我又前往美国华盛顿特区，访问了美国战略与国际问题研究中心（CSIS，全称Center for Strategic and International Studies），并参加了该智库组织的"中美全球经济秩序对话"和"中美关系四十周年"两场研讨会。从美国归来两个月后，我再次受欧盟委员会邀请，来到位于布鲁塞尔的欧盟总部大楼，参加亚欧互联互通体系论证会。本次工作会，欧盟只邀请了八个国家的九位代表再次进行一整天密集的头脑风暴工作。这次的讨论主要围绕完善后的框架进行，探讨在现有基础上如何更好地以指标体系形式呈现全球治理和可持续发展程度。这场会议最终形成了《亚欧会议可持续互联互通报告》。

经历了忙碌的夏秋行程后，CCG迎来了年底的两大国际活动。第一个活动是首届巴黎和平论坛，第二个活动则是在卡塔尔多哈举行的多哈论坛。它们从组织形态、参会人员以及主办方等维度看，都与达沃斯论坛存在着极大的不同，但都对CCG的国际化发展有着重要的意义。

CCG与达沃斯论坛的关系是渐进演化的，我们第一次参会时还只是旁观者，第二次参会时变成了参与者，不仅在各种边会和圆桌会议上发言，还举办了自己的午餐会。而在巴黎和平论坛上，我们从一开始就是深度参与者，某种意义上甚至是这个国际论坛的协作组织者。

能深度参与巴黎和平论坛得益于我们与法国有关部门建立的长期友好关系。总的来说，巴黎和平论坛的诞生需要归因于法国参与国际事务的雄心以及当前的国际局势需要。2017年，美国退出《巴黎协定》沉重打击了该协定的东道国法国。法国总统马克龙需要在全球治理领域施展其影响力，以提振其作为欧洲大国和联合国五大常任理事国的形象。当时欧洲的主要国际论坛有达沃斯世界经济论坛和德国的慕尼黑安全会议。前者的重点是全球经济议题，后者则是西方安全议题。法国设想建立一个包括和平建设、气候变化、人道主义合作、制度对话等更宽泛、更具包容性的平台。马克龙将这一工作交给了自己的重要助理、法国外交部政策规划司主任贾斯汀·瓦伊斯（Justin Vaïsse）负责，瓦伊斯2018年创办了巴黎和平论坛，并亲自担任论坛总干事。

辉耀多年前在布鲁金斯学会访学时即与瓦伊斯先生相识，那时他是布鲁金斯学会的研究主任，2013年，他从智库转入法国外交部工作。在第一届巴黎和平论坛召开前的几个月，他通过法国驻华大使馆联系我们，并在使馆组织了一次热闹的晚餐会，参加的成员有欧盟大使、法国大使、英国公使等多位西方政界代表。在中国方面，则有CCG和时任中国国际问题研究院院长戚振宏。大家共同讨论了如何举办巴黎和平论坛的问题。次日，法国大使馆再度与CCG联系，继续深入讨论相关话题。一来二去的沟通后，瓦伊斯便热情地邀请辉耀加入巴黎和平论坛指导委员会，希望CCG能协助论坛顺利运转。

在过去20多年中，民间组织参与全球治理是全球化的一个重要特征。我希望，民间智库可以在巴黎和平论坛这个新的全球治理平台上扮演重要角色。所以当听到瓦伊斯提出名为"垂直多边主义"（Vertical Multilateralism）的论坛组织理论时，我颇为兴奋。他的意思就是要打破平面，打造一个包括国家、非政府组织、基金会、私营部门以及公民个人的全球治理跨国论坛。在这样的国际化论坛中，民间智库可以发挥独特的作用。

尽管"垂直多边主义"是个书卷气特别浓厚的说法，但法国人的行事风格却相当不拘一格。虽然巴黎和平论坛有马克龙总统的加持，但是它并不像达沃斯那样天然带有精英色彩和资本气息，而是充满浓厚的草根特点，从举办地点到议事方式无不如此。它的前两届论坛会场设在了巴黎东北部一处改造后的文化活动中心里，据说此处以前是个屠宰场，有一次我还听到一位加拿大教授对别人打趣说："你会感到有很多灵魂还在这里飘来飘去……"

巴黎和平论坛并不是坐而论道，它的一个重要特色就是尝试从民间寻找各种解决方案。一般在年初的时候，论坛会向全球发起项目征集，并开放"巴黎和平论坛"网站的线上申请平台，这个平台一般开放两三个月。其间，全球治理领域的所有关键参与机构，不论是国家、政府间国际组织、非政府组织、企业、基金会、慈善组织、宗教团体、工会、智库或大学，都可以在项目征集的框架内提出创新解决方案。经过遴选委员会的评审，在论坛召开前，主办方会公布入选项目。比如第一届巴黎和平论坛主办方收到了来自40多个国家和地区与国际组织的800多个治理方案项目，最后有116个方案获得展示机会，来自中国的方案一共有4个，其中有两个方案是CCG提交的，分别倡议成立"国际人才组织联合会"和"国际电商联盟D50"。

入选的全球治理方案项目，可以在巴黎和平论坛得到展示，在第一届巴黎和平论坛上，两万平方米的拉维莱特大厅里，摆着几百个议事摊位，参会者只要有兴趣，可以走到任意一个摊位上提问和讨论，整个会场上热闹非凡，洋溢着古希腊时期街头论政的古典民主气息，就像一个大型思想集市。无论是气候变化、环境治理还是数字鸿沟、消除贫困，全都可以在一个个像大排档一样的摊位上展开讨论，高大上的国际话题真正实现了"下沉"。而这种场合其实非常适合非政府组织，因为比起组织沙龙和圆桌讨论，成本要低很多。此外，整个组织模式极大地调动了社会组织的积极性。

其实，早在数年前我们便有了成立国际人才组织的构想，还提出过"人才WTO"的概念，这些年在国际人才流动领域积累了不少研究成果。当下全球人才争夺战早已白热化，尽管各国都求贤若渴，但在国际上，全球人才治理机制仍旧缺乏。我们恰恰有意愿成立这样一个组织，弥补目前全球人才治理的不足，联合国家和地区政府、商业领袖、国际组织以及专业人士共同解决国际人才流动面临的问题。

尽管我们有建立国际人才组织的意愿，但在国际上，来自中国的智库或者民间组织想要参与发起和成立一个国际组织是一件很困难的事情。其原因并非是中国民间组织缺乏有效理念和组织能力，而是要在国际社会上发起和推动一个有影响力的组织需要有强大的议程设置能力，和持之以恒、始终如一的毅力。巴黎和平论坛确实为我们提供了一个非常好的契机和平台，我们参加首届论坛时，还只是带了方案去；而在第二届论坛上，我们就举办了全球人才流动治理分论坛；在第三届论坛上，CCG 发起的国际人才组织联合会正式宣告成立，我和辉耀多年的心血终于开花结果。

除了巴黎和平论坛的平台，我还在意大利国际政治研究所（ISPI）执行副总裁保罗·马格利（Paolo Magri）的邀请下，担任过 G20 多边主义和全球治理特别工作组的联席主席，在半年多的时间里，亲身体验了 G20 峰会重要智囊的影响力。从智库的职能角度出发，我们需要走在全球治理的第一线，加强与国际各方的联系，也需要在全球治理体系改革刻不容缓之际，积极参与全球治理的不同环节和程序，多思考如何提供与全球治

在全球化的世界中行走

▲ 巴黎和平论坛创始人兼总干事贾斯汀·瓦伊斯访问 CCG 北京总部

▲ 与世界贸易组织前总干事、巴黎和平论坛主席帕斯卡尔·拉米（Pascal Lamy）先生交流

理相适应的中国方案，创造性地提供治理路径的不同选项。

尽管经历了疫情的阻隔，CCG 始终保持着与巴黎和平论坛的密切合作关系，这里也成为我们向国际社会展示中国智库观点的重要平台。

2022 年 11 月，时隔三年，我们再赴法国参加线下举办的第五届巴黎和平论坛。在巴黎市政厅举办的论坛招待会别出心裁，主办方特意选择在 10 日晚上，同时举办 10 场晚宴，每场晚宴有 10 个人参加。我和辉耀分别受邀参加了不同主题的晚宴。我受邀参加的那场晚宴的嘉宾主要是在外交领域举足轻重的资深人士，比如巴黎和平论坛主席拉米，欧盟委员会副主席、外交与安全政策高级代表何塞普·博雷利（Josep Borrell）等。

当晚，博雷利被安排在我旁边就座，这是我第一次与这位欧盟重要人物近距离交流，他问我："你来自全球化智库，那你说说全球化结束了吗？"

"当然没有！"我立刻回应道，"我们智库不但研究中国的全球化，也研究全球化在世界上的发展，全球化的发展虽然出现了一些波折，但我认为，经济全球化是符合历史潮流的，中国是全球化的受益者，也是全球化的推动者，欧盟在一体化方面的成功经验也带给我很大的信心。"

在自由发言环节，我谈道："中国的文化基因主张和而不同、美美与共，和平共处原则始终是中国对外交往的基本准则。古代的朝贡体系是儒家'家天下'观念的对外延伸，较之于霸权国家主导的世界体系，朝贡体系更富有和平的因素。"

博雷利对我的观点非常感兴趣，尤其是我对中国与周边国家历史上关系的看法给他留下了深刻印象，他也讲述了自己三十多年前担任西班牙财政部国务秘书时访问中国，后来又以欧洲议会议长、西班牙外长等身份多次访华的经历，他相信欧盟和中国之间有多边空间，可以为共同利益而努力。听到这里，我也趁势向他发出再次访华的邀请，博雷利很痛快地就答应了我。

可惜的是，博雷利在2023年4月访华前夕，因确诊新冠而被迫取消行程，他将原计划在CCG发表的演讲全文贴到了欧盟官方网站上，并注明这是本该在位于北京的全球化智库发表的演讲。在这篇题为《我对中国和欧中关系的看法》的演讲中，他结合自己多次访华的亲身经历，从世界和中国的变化、欧盟眼中的中国、努力增进共同利益的前景等多个维度进行论述，展现欧洲视角的中国印象，强调中国对解决世界性问题的重要作用。

几个月后，在克罗地亚杜布罗夫尼克政要论坛上，我再次见到博雷利，我把CCG新出版的英文图书《共识还是冲突？——21世纪的中国与全球化》送给他，他笑着说要继续和我探讨全球化问题，还问我要了地址，说也要送给我两本书。当天中午，我和辉耀正在酒店用餐，我们的位置靠近窗口。我一抬头，就看到一群人朝我这个方向涌过来，其中一个熟悉的

第一部分　世界上的风雨

▲ 作者应邀参加第五届巴黎和平论坛招待会

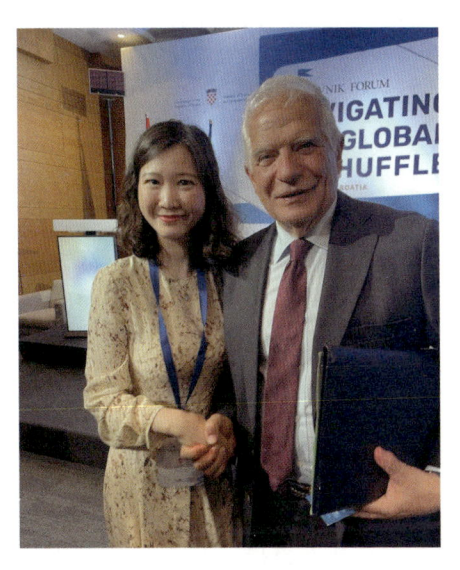

▲ 作者在克罗地亚杜布罗夫尼克政要论坛上与博雷利交流

身影不是别人,正是博雷利。作为欧盟高官,他走到哪里都是焦点。只见他抛开身后的人群,径直走过来和我们打招呼。他双手拉着我们,非常真诚地说:"中欧之间需要多接触,我们在很多原则性问题上是一致的,请你带给中方这个消息,我会尽快访华……"

多哈论坛风云

达沃斯和巴黎两处论坛在组织风格与参会人员上的差异,提供了 CCG 国际化进程的差异化道路。但它们都是发达国家的主场,在文化和经济层面的多元化代表性略显不足。我在参加达沃斯论坛时还想过,要是 CCG 能参加非西方国家所主办的世界顶级论坛的话,我们所参与的国际活动就有足够的代表性了。在 2018 年年底,我收到了多哈论坛的邀请函,这块空白终于可以补上了。

卡塔尔首都多哈三面被沙漠环绕,一面濒临波斯湾,地势平坦,气候炎热。只有在每年的冬季时,卡塔尔的环境才会变得宜人,空气也会变得清爽一些。按照卡塔尔的官方说法,创办多哈论坛的目的是"促进对话,让决策领域的领导层共同讨论全球面对的关键挑战,构建创新与行动导向的关系网络"。这一定位看上去有些复杂难懂,其实里面隐藏着卡塔尔王室对本国在国际舞台中角色和定位的理解,多哈论坛的意义需要从这个国家的地缘角度来理解。

在海湾国家当中,卡塔尔是一个很独特的存在。该国领土面积不大,人口只有数百万,却拥有世界第三大天然气储量,也是重要的原油出口国。2022年,其是亚洲人均GDP最高的国家。它既是海湾合作委员会(GCC)成员国,也是石油输出国组织(OPEC)成员国,在能源领域和地缘政治领域具有"四两拨千斤"的神奇能力。受与沙特关系的影响,GCC有过一段与中东大国伊朗关系相当不友好的时期,但卡塔尔却能摒弃宗教和文化上的差异,与伊朗保持密切的关系。在地缘矛盾涌动的中东,卡塔尔经常扮演着巴勒斯坦与以色列冲突调停人的角色。拜登政府时期,美国与伊朗核问题的间接谈判在多哈举行,卡塔尔是双边的传话人。由此可见,美国与卡塔尔的关系也相当不错。卡塔尔在经贸上保持了与中国的紧密联系。中国是卡塔尔最大的贸易伙伴,卡塔尔是中国重要的液化天然气进口来源国和人民币在中东重要的清算中心。所以,从整体上来看,卡塔尔与西方主要大国、区域强国以及中国均保持良好关系,能够在当前国际关系领域中发挥重要的调停和沟通作用,其角色与瑞士很相似。

这么看来,多哈论坛与达沃斯论坛还颇有几分相似之处。

卡塔尔政策规划司司长卡里德·阿里·凯特(Khalid AL Khater)先生与我们有过数面之缘,这位精明强干的外交官也曾到访CCG。在接到邀请之后,我本认为以凯特在中国深厚的人脉关系，定会邀请很多中方嘉宾到会，没想到，抵达多哈后才发现，参会的嘉宾几乎都是中东地区和发达国家的代表，还有一些非洲和南亚地区的嘉宾，东亚代表极少。这导致我走到哪儿都很显眼，一时之间，各种肤色的代表纷纷过来同我打招呼。我突然间感到，肤色在这里竟然给我在社交上带来了如此之多的便利。

2018年多哈论坛上举办了一个主题为"亚洲连通性难题：从贸易路线到贸易战略"的分论坛。我是唯一受邀发言的中国嘉宾，其余四位嘉宾还包括比利时俄欧亚研究中心主任特蕾莎·法隆（Theresa Fallon）、印度国大党全国发言人马尼什·特瓦里（Manish Tewari）和印度观察员研究基金会主席萨米尔·萨兰（Samir Saran），以及一位来自新加坡的南亚裔人士、时任该国防长孟理齐。很显然，这是组织者精心安排的一次对话，希望我们能展现出思想上的碰撞。在我们讨论的内容中，"一带一路"倡议是一个关键性话题。当时印度官方对"一带一路"倡议态度并不明朗。两位印度嘉宾从国家立场出发向我提了一些尖锐的问题，我则尽量从宏观的角度解释"一带一路"对亚洲连通性的促进作用，用多边主义思维来化解嘉宾从双边角度发出的疑问。在发言结束后的对话环节，现场的巴基斯坦前驻华大使和尼泊尔学者纷纷向我表示本国是"一带一路"的受益者，赞许中国推动"一带一路"的努力。我在多哈论坛上的首次亮相，给现场各方应该都留下了比较深刻的印象。如同在达沃斯那样,第二年我再次获得了多哈论坛的邀请函。

2019年的参会时间更敏感。当时中美双方正在就第一阶段经贸协议紧锣密鼓地进行最后谈判,文本已经基本敲定了。特朗普在这个节骨眼儿上派出"长公主"伊万卡以总统高级顾问的身份来到多哈,同行还有时任美国财政部长姆努钦。看来,这届美国政府也很看重多哈论坛的平台效应,不惜长途跋涉来此展现影响力。

本次论坛的焦点集中在中美关系,我也毫不意外地"转战"中美关系,参与形式则从研讨升级为在"中美关系及国际体系的未来"分论坛上发表主题演讲并研讨。不过这次的分论坛参会者以学者居多,分别是伦敦大学亚非学院教授斯蒂芬·占(Stephen Chan)、新加坡国立大学李光耀公共政策学院院长柯成兴、亚洲集团合作人吉姆·罗(Jim Loi)和耶鲁大学杰克逊全球事务研究所高级研究员艾玛·斯凯(Emma Sky)。

整体来说,这场分论坛的情绪比较乐观,各方的态度都比较放松。在会场中,可以感受到东道主的好客以及亚洲各国的热情与友好,我想这是中国的国际朋友圈能够在这里逐渐扩大的一个重要原因,尽管多哈论坛上的中国面孔仍然十分有限,但是从大家对我们的热情态度中,我也感觉到中国的影响力正在世界上逐渐壮大。

不过,一个突如其来的小插曲告诉我,看上去一团和气的论坛也时刻暗流涌动。我和时任伊朗外长穆罕默德·贾威

▲ 作者在多哈论坛发言

德·扎里夫（Mohammad Javad Zarif）在会议间隙有过一次场外交谈。扎里夫风度翩翩，谈吐文雅，有着独特的外交官式的人格魅力。面对任何针对伊朗的刁钻提问，他都能微笑着予以适当的回应，并且能很好地把握叙事的逻辑和节奏，这是值得学习的。扎里夫年轻时曾在美国的旧金山州立大学和丹佛大学求学，并获得了国际关系专业博士学位。他在2002年至2007年间担任伊朗驻联合国大使，并从2013年8月起一直担任伊朗外交部长与伊朗核谈判首席代表——后面这个身份在某种意义上比他的外交部长身份还要重要，因为特朗普刚刚在几个月前宣布退出奥巴马时期联合国五常与德国（P5+1）一起与伊朗在2015年达成的伊核协议。中国在P5+1会谈中发挥了重要作用。鉴于此，任何在这个敏感时期、敏感地点与伊朗外长接触的中国人，都有成为敏感人物的可能。

第一部分 世界上的风雨

　　我和扎里夫的交谈被路透社记者拍下，并发布到网上。当时许多国内外的友人都第一时间给我发来问候的消息。看到这些新闻时，我不禁哑然失笑，感慨于互联网时代媒体影响力之广泛和强大，并暗笑自己竟然以这种图不对题的方式成为新闻事件的主人公。这次事件让我领略了媒体的手腕。互联网时代，不时会有媒体报道，因为各种原因错配图片，带来严重后果的情况，它们或对企业形象造成负面影响，或对读者造成误导，甚至抹黑国家形象。所幸，随着时间的推移，这件事情给我的工作和生活带来的困扰慢慢消散了，不过，它也时刻提醒我，

▲ 作者与时任伊朗外长穆罕默德·贾威德·扎里夫

在国际舞台上，举手投足的任何一个细节，都可能在媒体的聚光灯下被无限放大，并因此可能遭到错误解读。在和国际人士接触的过程中，个人与国家形象紧紧相连，因此更应该关注细枝末节。

多哈论坛作为非西方主场的多边合作论坛，强调维护以联合国为核心的全球治理框架和国际秩序，每次会议都有大量的联合国高级官员参会，古特雷斯先生也参加了好几次多哈论坛。中东国家的智库和代表固然是多哈论坛的常客，亚非国家的智库参会人员也并不少见，而且近年来非西方国家代表有逐渐增加的趋势。2018年第一次参会的时候，会场还只有我一位来自中国的发言者，2023年仅我们智库就有5位同事出席十几场研讨活动。各种西方与非西方国家之间的碰撞与交流让人难忘。这其实也是当下的全球共识。近几年来，关于"全球南方"和"中等力量国家"全球影响力的上升越来越为人关注。美国《外交政策》杂志在2023年年终的一篇稿件以《全球南方在2023年峰会中占据中心位》为标题，描述了2023年国际关系网络中的权力分配动向。

从多哈论坛上可以发现，卡塔尔这样的非西方国家，以及广大的发展中国家不希望看到单极世界。很多西方国家也同意，多极世界正成为现实。在接受这一现实的基础上，"全球南方"和"中等力量"的崛起，正在改变全球化的轨迹。而像多哈论坛这样的平台，也逐渐影响全球话语权。造成这种现象的原因

第一部分　世界上的风雨

很复杂，"东升西降"、大国博弈以及全球化换挡等只是其中一部分，但"全球南方"的崛起绝不是一个伴生性现象，而是全球格局结构性调整的一部分。

作为来自中国的研究者，我们应当注意观察这一新动向。非西方国家希望中国能够积极参与国际事务，中国也在重新定位自身的影响力与话语权。各方的共同努力或许能缓冲大国博弈带来的剧烈震荡，降低不确定性。与非西方国家开展充分的公共外交，有利于创新思路，探索具体问题的解决方案。同时，也能够有效保持中国与"全球南方"的联系，促进彼此之间的

▲ CCG与多哈论坛合作举办"中国在崛起的全球南方中的作用：重新定义未来世界秩序"会议

注：从左到右分别为：CCG王辉耀理事长、纳米比亚总统姆本巴、卢旺达总统卡加梅、巴巴多斯总理莫特利、洪都拉斯外交部长雷纳。

交流联系。在这一背景之下，与"全球南方"和"中等力量国家"展开观点碰撞，塑造共识，无疑是我们参加非西方论坛的价值所在。

来自联合国的"认证"

这些年 CCG 在国际舞台上一步一个脚印，留下了自己的足迹，它的影响力呈现出厚积薄发的态势。这种成长不仅是我们的亲身体会，也获得了周围关注 CCG 的人以及国际机构的认可，其中最重要的是获得了联合国的认可。

2018 年 8 月 8 日，这是一个在中华文化里代表着吉祥的日子，也是 CCG 的十周年创业纪念日。同一天，联合国经济与社会理事会（ECOSOC）正式批准授予全球化智库联合国经社理事会非政府组织"特别咨商地位"。

联合国咨商地位是经济及社会理事会与全球民间组织构建正式合作关系的一种方式。经济与社会理事会先通过联合国咨商认证，然后根据认证后的有关决议来授予非政府组织咨商地位。对于经济及社会理事会来说，联合国咨商地位一方面是对被认证单位的嘉奖，另一方面可以巩固经济与社会理事会与这些民间组织的联系，加强工作的有效性。对于民间组织来说，获得咨商认证相当于一个"品牌认证"，是对它们努力工作的肯定。联合国咨商地位有三种类别——"全面咨商地位"、"特别咨商地位"和"名册咨商地位"。全面咨商地位一般授予庞大的国际非政府组织，其工作范围涵盖经济与社会理事会议程上的大多数问题。特别咨商地位授予在经社理事会活动的一些领域中具有专门能力的非政府组织，全球化智库名列其中。名册咨商地位，是给那些在其专门领域内有能力为联合国的工作做出贡献，并且应请求可以提供咨询服务的非政府组织。

我们能够获得联合国的"认证"，一方面原因是我们与联合国驻华系统有着密切合作，多次与联合国妇女署、联合国开发计划署等机构举办关于可持续发展、性别平等的活动；另一方面原因是CCG与国际移民组织从2014年开始联合发布CCG翻译的《世界移民报告》中文版。这是该报告首次以中文版形式问世，填补了这一权威国际移民研究成果在全球中文发行领域的空白。我们还连续多年与世界银行共同发布和解读《全球经济展望》报告。

对我来说，"特别咨商地位"还带来了一条"绿色通道"——我们拿到了联合国颁发的五个特别通行证。有了联合国特别颁发给咨商地位机构的通行证，我们可以在证件有效期内凭证随时进入联合国访问。

▲ 作者到访联合国

▲ 作者与联合国系统驻华协调员常启德合影

第一部分　世界上的风雨

▲ 在日内瓦访问联合国移民署总部

▲ 访问联合国教科文组织（UNESCO）总部，与助理总干事加芙列拉·拉莫斯（Gabriela Ramos）女士交流

在全球化的世界中行走

▲ 在 2024 年博鳌亚洲论坛首尔会议与联合国前秘书长潘基文先生合影

CHAPTER

5
第五章
创立国际青年领袖机制

在不确定性中创新

2019年恰逢中美建交40周年，但中美关系和中美贸易却面临前所未有的严峻挑战。我和辉耀带领智库专家团队一年内三次赴美在华盛顿和纽约等地开展了20余场调研交流活动，希望可以在特殊时期，加强双向沟通与了解，为改善中美经贸关系寻求更多共识。

然而"屋漏偏逢连夜雨，船迟又遇打头风"，2019年的世界还处在"大变局"前期。到了2020年的开端，更多的困难和动荡开始涌现。这年的2月，我和辉耀在德国参加慕安会时，新冠疫情在国内已有暴发，好在归程一切顺利。但后来再出国要等到两年多以后了。

在全球化的世界中行走

新冠疫情以前，我每年出国参加国际会议和进行访问交流的时间至少有几十天。如今，这场波及全球的突发公共卫生事件使国际关系更为复杂，但我们又不能出国交流，国外的朋友也无法进来，促进中外交流的工作如何开展？

我和辉耀都深刻意识到，社交距离等一系列防控措施将会导致国际交往方式的转变，如果说此前CCG的国际交流主要依靠参加国际会议和举办品牌论坛，辅以高频次线下交流，那么现在我们已经基本无法做到线下参加国际会议了，品牌论坛也变成了未知数。等待毕竟不是办法，疫情期间要维持国际交流、实现研讨常态化，需要新的平台。

其实在疫情之前，CCG就已经展开过多次小规模的线上会议，我的英语词汇库里也多了一个新单词"Webinar"，是"网络"（web）和"会议"（seminar）两个词的合写。意想不到的是，线上会议竟然将成为CCG在三年疫情期间最常规和频繁的推动中外交往的渠道。

2020年2月，我们从慕尼黑回国后，迅速进行了新的活动策划，3月份就组织了两场关于中美"战疫"合作、中国抗疫方案的线上研讨，并实现全球同步直播，效果非常不错。于是，在2020年接下来的几个月里，我们举办了60余场中英文线上研讨会，平均每周都有，有时一周举办两场甚至更多。举办线上研讨会，对于应对新冠疫情带来的全球性挑战，加强国际交流与合作，发挥了很好的作用。在我们的示范效应下，国内越来越多的研究机构开始采用这种新的交流方式,我们也经常收到国内国际的各种会议邀请,疫情的第一年,我们更忙了。

在繁忙的工作之余,我也在思考,如何更好地把我们的国际资源优势发挥出来。到了这年的 11 月,我们决定进行新的尝试,邀请托马斯·弗里德曼、格雷厄姆·艾利森、约翰·桑顿等著名国际人士进行一对一深度对话,通过多平台双语直播、多媒体报道转发、多种形式呈现,结果每场名家对话都能得到数十万海内外观众的关注。我们的老朋友格雷厄姆·艾利森教授参与对话那天,身体有些不适,但他依然坚持参与了一个小时,跟我们讨论中美关系的走向,而那场对话的在线人数也创纪录地达到 100 万人。

与此同时,我们的大型品牌论坛也增加了线上会议的形式,专门设立了云论坛,供无法到场的朋友和同行们畅述观点和思想。所有这些线上工作均通过媒体和社交平台线上直播,为我们每年赢得了近千万观众。

新冠疫情期间的线上会议对 CCG 来说是很有建设意义的。托马斯·弗里德曼在参加我们线上会议时说,疫情把时间分为了"前疫情"和"后疫情"两个不同的时代。但对我而言,这两个时代不是割裂的,而是彼此之间紧密连接的。疫情期间的线上会议让我意识到,线上会议不仅能够继续促进沟通,也能够降低传播成本,是一个维持智库影响力和展现智库形象的有效方式。时至今日,我们还保持着一定频率的线上会议,并尽可能推动我们的各种会议数字化——这也正好与当前社交媒体的视频化趋势同步。

▲ 作者在哈佛肯尼迪学院和学院创始院长、哈佛知名教授格雷厄姆·艾利森会晤交流（2023 年）

国际青年领袖经历带来的灵感

新冠疫情期间，CCG 的线上国际活动搞得有声有色，在国内外疫情最严峻的那段时间里，我们策划的 Webinar 成为当时国内与国外沟通为数不多的几个常规性窗口之一。

可我觉得只做这些工作还不够。

虽然各国因为新冠疫情暂时无法实现人员往来，但是政商学各界还有一些国际人士留在国内，比如各国驻华大使、在华留学生、国际组织代表，等等，他们是实现国内外沟通的重要桥梁。特别是在一个世界陷入隔离的时候，他们的声音成了可以反映中国现状的可靠来源。用经济学术语来说，如果想要促进交流，为什么不能"盘活存量"呢？

那么，以何种方式盘活呢？此时，这些年的国际青年领袖经历为我带来了灵感。

比利时国王之约

我第一次以青年领袖的身份参加国际活动是2016年。

那一年是中国与比利时建交45周年，6月，我与辉耀一同受邀参加在比利时布鲁塞尔皇宫举办的"共创未来——亚洲欧洲美国战略合作研讨会"，会议期间，我就"新一代的全球洞察"主题进行大会发言。这份发言是对我多年来以中国青年与世界青年为对象，以世界各大青年领袖机制为范例进行的研究所做的阶段性总结，我在发言中阐述了全球化进程中青年人才群体扮演的重要角色，强调全球治理需要一个长效机制来培养青年领袖。

在随后由比利时外交部主办的闭门午餐会上，我被安排与多位国际知名人士同桌探讨"全球共同价值观"。一头银发、身材高大的菲利普国王就坐在我对面，我的左边、右边分别是美国前副国务卿内格罗蓬特、菲律宾著名企业家费尔南多·阿雅拉（Fernando Ayala），其他同桌讨论的还有澳大利亚前总理陆克文、欧盟前主席范龙佩、亚洲协会主席施静书等。与这些国家领袖与各界前辈围坐一桌令我感到极其荣幸，我不免激动又紧张。或许是有心考验青年后辈，菲利普国王与众人商议后提议让我来担任本组讨论的"书记官"，并代表同组国际领袖进行团队总结陈述。

在欧洲的王室有这样一种说法：统治"日不落帝国"的维多利亚女王，是欧洲诸多王室的"老祖母"。通过联姻，维多利亚的后代们遍布欧洲各国王室，而在讲究血统的王室中，她这一支最为高贵。有人考证，比利时第一任国王是维多利亚女王的亲舅舅，由此可见比利时王室是欧洲最"正宗"的王室。无论这一说法是否属实，在欧洲王室中，比利时王室确实拥有较大的话语权。

不过，菲利普国王给我的感觉却是低调又谦和的。他当时为我们小组贡献了不少有价值的观点，比如他专门强调了东西方文明对时间的不同看法，以及这种不同如何影响各国的政治体系。在我看来，中国文化中"兼收并蓄""和而不同"的道德主义原则和"中和位育"的价值追求，在全球范围内较早地孕育出文明共同体的精神，这种从根本上反对零和博弈的价值观也许在对外扩张的动力和围绕资本主义生产关系构建权力体系的能力上显得"落后"；但在人类共同体、文明更替尺度的叙事中，"中国智慧"和"中国方案"对不同文化、不同信仰发自内心的尊重和包容更能让现代共同体的价值观和信念行稳致远。我想，这也是本次会议以"全球共同价值观"为探讨主题的重要原因吧。最后，我对东西方文化中的时间观、罪恶感、权利、家族等文化观念进行了异同比较，并提出全球可能的共同价值，大家为此报以热烈的掌声，菲利普国王也向我微笑示意。那一刻，头顶上方的水晶宫灯明亮璀璨，映照着这座巴洛克式的宫殿，也映在众人的酒杯中。

会后，菲利普国王专门会见了我以及来自美国、俄罗斯、比利时、印度等国家的另外七位"国际青年领袖"。他提出希望在欧洲建立一个沟通亚洲和美洲，进而影响全球青年的机制，并向我征询筹备意见。我提出，需要在全球治理中为更多年轻人提供相关政策考虑，应该在全球充分建立"多边"以及"多变"的人文交流机制和平台，让全球的优秀青年能够充分融入这个体系，达成新一代全球青年的基本共识。同时我也向菲利普国王表达了愿身体力行地做好青年领袖工作，积极发挥民间智库作用，在未来携手共建国际交流新平台的意愿。他听完我的发言，认真地点了点头。这次与菲利普国王的会面也让我初步意识到西方国家对"青年领袖"交流机制的重视。

菲利普国王对我的建议非常重视，我猜想，这大概和他与中国有很深的缘分有关，30年前，当他还是一位比利时王子的时候，就来过中国。比利时王宫里至今还挂着他吃农家饭的照片。他先后8次以王子身份来到中国，而他登基后的首次国事访问，也选择前往中国。正如他自己所说："我喜欢中国，越是身临其境，越希望了解中国。"

▲ 作者作为国际青年领袖得到比利时国王（右四）专门接见

成为慕安会青年领袖

2019年年底，我受阿登纳基金会和德国的主流政党基督教民主联盟（CDU，简称基民盟）的邀请参加了基民盟青年联盟（JU）的年会。这次会议上，包括CDU秘书长、卫生部长等在内的党内精英出席。而我则作为"国际观察员"得以近距离观察德国，了解德国的民主政治。也是这次对CDU的访问，丰富了我对青年领袖机制的见识。

▲ 2024年4月德国总理访华期间，德国政党基民盟高级代表团访问CCG，作者向基民盟议会党团副主席、德国前卫生部长延斯·施潘（Jens Spahn）赠送智库礼物

在两个月后的慕安会上，我以全球化智库联合创始人兼秘书长的身份被推荐为第56届慕安会青年领袖，也是本届慕安会上唯一来自中国的青年领袖。相比往年以一般嘉宾的身份参会，新的身份让我有机会沉浸式体验与学习这个运作了十多年的青年领袖项目。

慕安会青年领袖项目以慕尼黑安全会议为依托，鼓励青年领袖同资深嘉宾进行面对面沟通和深入探讨，我在会上向挪威前首相、美国国家安全委员会人工智能委员会主席、印度外长，以及德国防长等代表分别进行了提问。

其中，德国防长克兰普-卡伦鲍尔（Kramp-Karrenbauer）给我留下了深刻的印象，因为我曾经在一年时间里，三次与她进行面对面交流,而且她差点就来到北京访问 CCG。初次相见时,她刚接替默克尔成为基民盟主席,德国舆论广泛将她视作默克尔的总理"接班人",当时在慕安会会议间隙,她单独邀请辉耀和我进行了将近两个小时的小范围会谈,给我留下了理性务实、低调谦逊的印象,她说自己从未去过中国,对中国的社会民生等情况并不十分了解,我为她介绍了中德的合作前景,中国对自由贸易的开放心态等。她直言这次交谈让她对中国有了更为全面的了解。在这年的五六月份,我还收到了她的邮件,她说,想近期到中国访问,在 CCG 做一次演讲。然而,在我收到这封邮件后不久,她就被任命为德国国防部长,出于种种考虑,访华行程便暂时搁置了。到了那年年底,在基民盟青年联

▲ 作者在慕安会期间与克兰普-卡伦鲍尔交流

盟的年会上，我再次遇到了卡伦鲍尔，她第一时间就认出了我，亲切地和我打招呼，当时年会的主办地正是卡伦鲍尔的故乡，位于德国西南部的萨尔州。

慕安会青年领袖论坛也是一种固定的社区网络机制，通过这一机制，主办方每年都会组织青年领袖在不同国家进行年度聚会和研讨。这是一个非常好的机会，通过民间交流的形式加深各国之间的了解，参会者在倾听别人的同时，讲述自己国家的故事。

2023年8月，我受邀参加了在印度新德里召开的慕安会青年领袖年度会议，并被安排在开幕式中发言，与印度、欧盟智库界的人士共同探讨多边主义的未来。新冠疫情以前，我每年都有机会去印度开会。时隔三年多，我终于有机会重访印度。会议结束后主办方还组织了古迹参观活动，新德里的出租车司机用一口流利的英语告诉我，"好久没见过中国人了"。在顾特卜塔（Qutb Minar）参观的时候，我切身体会到这位出租车司机所言不虚，因为不断有当地人围过来，想要找我合影。在近50位来自世界各地的青年领袖里被"相中"，我感到开心的同时也不禁感慨，"看来在印度的中国人确实太少了"。尽管印度是中国的重要邻国，长期以来，一些国人对印度却一直怀有刻板印象，缺乏深入了解的兴趣和动机。这与印度这个国家的重要性极不匹配。一些国人对于印度的认识，混合着与佛教相关的历史记忆、宝莱坞电影的文化想象，以及"脏乱差"的社会标签。从和当地人打交道的经验来看,他们对于中国的态度也相当复杂。一方面,历史上佛教文化曾经对中国产生影响,对此他们相当自豪;另一方面,对他们而言,同样作为文明古国和发展中大国,近几十年来我国取得了巨大发展成就,尤其是大量中国产品在印度风靡,印度国民自然有一种不甘落后的心情,总想证明自己,不仅自尊心强,而且脆弱。

几年下来,"青年领袖"的身份为我提供了很多珍贵的国际交流机会。来自全球的青年领袖们通过一定的机制,彼此之间可以自由交流、建立长期联系,同时也可与全球政治领袖进行互动。这种有效且被国际社会接受的民间外交形式有利于促进国际秩序的和平发展。我也在不断的实践中意识到青年领袖机

▲ 在慕尼黑安全峰会青年领袖年度会议上,作者作为开场对话嘉宾,就"多边主义的未来"参与对话

制在全球语境中的价值。

开创中国的国际青年领袖机制

2021年,我发起的国际青年领袖对话项目进入实际运作阶段。此时,新冠疫情在全球已蔓延一年有余,在中外人员往来遭到长时间阻隔的情况下,国际社会能够获得的关于中国的信息难免片面失真。一些势力,也借机大做文章,抹黑中国,这更加剧了国际上对中国的误解误判。

在国际青年领袖对话项目中,有来自英国、美国、德国、巴西、喀麦隆、印度、韩国、中国等几十个国家的代表,年轻的他们在各自的领域里已经做出了一定的成绩,他们虽然长期在中国生活和工作,但是并不一定有机会到中国各处走走看看。为什么不能主动为他们提供一个读懂中国的机会,让他们在用脚步丈量、零距离接触的过程中感知真实的中国呢?这不正是消除隔阂误解最有说服力的办法吗?

于是,GYLD的重头项目——国际青年中国行正式诞生。我们在设计活动主题时,参考了此前国内中外交流的各种形式,但又有所创新。我们的很多中外交流项目,都会邀请外国朋友看京剧、学书法、品茶艺。作为学习中国文学出身的人,我觉得这些文化交流和展示是很重要的。可是我们不能止步于展示过去,也要展示当下。国际青年交流的过程要展现中华文明的悠久历史，也要体现出当前中国社会生活的方方面面。除了"文明交流"，我们还在考察交流的主题上设定了"开放创新""生态保护"两个题目。在之后的行程中，我带领大家前往刚刚完成脱贫攻坚任务的偏远地区——陕西南沟村。在一望无际的黄土高原上，青年领袖们获得了一种前所未有的体验。在南沟村的土地上，他们看到了中国人的奋斗精神，通过多方合力，贫困地区的村民得以彻底改造自身生存环境。参加南沟村之行的巴基斯坦小伙子后来对我说："这才是真正的中国智慧！"而当国际青年们来到汶川大地震遗址，问我灾后重建为什么那么快时，我用"家国天下"四个字作为回答。为了重建一个地方，小家和"大家"共同努力、相互扶持，这就是中国特色。

在国际青年中国行项目中，我们采取了小批量、多频次的做法。每次参加考察项目的青年领袖在 10 人上下，每次行程 5 天左右，这样能确保他们高效地摄入信息，又不会因为行程过于紧密或漫长而失去新鲜感。除此之外，我还特地选择贵州、广东、四川、江西、陕西、河北等经济水平和生活习惯差异较大的省份作为目的地。总的来说，2021 年，GYLD 在正式开启的第一年，表现得很好。在这一年，我们紧锣密鼓地策划举办了国际青年中国行、国际青年智汇行动、国际青年英才对话论坛等多项活动，邀请在华留学生、创业者和国际驻华机构的人员走出学校和办公室，深入了解中国的方方面面。我们组织的活动多次得到《新闻联播》《新闻直播间》等节目报道,《人民日报》《中国日报》也对此进行了报道。

▲ 作者就国际青年领袖对话项目接受央视总台《新闻联播》采访

经历了初期的项目运行后，我感到国际青年领袖们对中国的兴趣明显变得跟之前不同了。他们不再带着猎奇感来看待所考察的一切，而是开始发自内心地思考和理解它们。

项目运行了 2 年多之后，2023 年 8 月 12 日，在联合国青年日到来之际，我们与清华大学苏世民书院、北京大学燕京学堂、北京市归国华侨联合会联合举办了"国际青年领袖对话"年度论坛。联合国妇女署、联合国教科文组织、世界卫生组织、红十字国际委员会等国际组织负责人，以及多国政要专门为我们发来了寄语。其中，阿塞拜疆总统伊利哈姆·阿利耶夫（Ilham Aliyev）、以色列总统伊萨克·赫尔佐格（Issac Herzog）、巴基斯坦总理夏巴兹·谢里夫（Muhammad Shehbaz Sharif）都对 GYLD 项目在促进两国青年交流理解，从而推动国家间交流方面取得的成果表示了肯定。

  回望走过来的每一步，"国际青年领袖对话"从一个设想到如今小有收获，尤其是获得了这么多知名人士的关心、肯定与鼓励，我开始感到自己努力的方向是正确的。但是人需要不断超越自我，我希望在不久的将来可以将这个项目打造为一个由中国提出的更高水平的国际公共平台。也许之后 GYLD 可以不再是一个"盘活存量"的故事，而是"寻找增量"的项目。我们也许会邀请很多对中国不了解、未曾来过中国，但对中国有着极大兴趣和热情的青年朋友前来访问。也许他们能够与我们的领导人会面、讨论天下大事；与我们的科学家、工程师、农业专家和作家一起畅想中国的未来；也许他们中有人会成为领导人、科学家、工程师和作家；甚至积年累月，成为中国人民的老朋友……

2

第二部分

我的避风港

CHAPTER

6

第六章
成长记忆

在漫漫的历史长河中,某个特殊的年代、某些特殊的时刻,因具有特殊的意义而时常被人赋予特殊的地位。我就出生在这样一个令人难以忘怀的时代。国门初开,各种新鲜事物扑面而至,让人应接不暇,整个社会仿佛都在跑步前进,迫不及待地与世界接轨。四十年的历程如线织就了我的个人历史。

我的故乡

1999年5月8日凌晨5时45分(贝尔格莱德时间7日晚11时45分),我国驻南斯拉夫联盟共和国大使馆,遭到了北约导弹的袭击,造成了3人死亡,多人受伤。这个消息激起全国人民的强烈愤慨。

我们学校就在美国驻成都总领事馆附近。那天白天,我看到不少四川大学的学生在校园里高呼口号，表达对北约轰炸我使馆暴行的强烈抗议。到了晚上，包括四川大学的师生员工、市民等万余名群众走上街头举行抗议游行，在美国驻成都总领事馆门前示威，一遍又一遍地高唱国歌。

立夏后的成都已经有些热了，美领馆周围的示威学生们打着横幅标语，高呼"反对战争，捍卫主权"，口号声震耳欲聋。人们群情激愤、豪情万丈，仿佛要点燃周围燥热的空气。我只在书里读过如此热血的事迹，从没有在现实中见过。见到眼前的一幕，我忽然产生了一种"触摸"历史的感觉，一种属于青年人的冲动和热忱瞬间涌上心头。

我迫不及待地向家人表达了自己想加入游行队伍的愿望，那天家里恰好来了一位亲戚，我至今记得他当时说的一番话："年轻人有激情很正常，愤怒是一回事，但很多事情背后其实有各种复杂的原因，也有多种解决方式，你想过除了游行，还能做什么吗？盲目去游行未必能够真正帮上国家的忙，国家需要你沉下心来学习和思考，争取做更能帮助国家的事情。"

什么是"更能帮助国家的事情"？

多年前，母亲收拾屋子的时候，翻出来一箱我小时候用过的物品，其中有一个塑料软皮日记本，扉页上认认真真地写着"我要做一个有社会责任感的人"，落款日期是1996年，那一年，我12岁。

"丞相祠堂何处寻？锦官城外柏森森。映阶碧草自春色，隔叶黄鹂空好音。"杜甫这首诗说的正是我小时候的生活区域。千古名臣诸葛亮的祭祀祠堂，刘备的汉昭烈庙以及刘备下葬的惠陵都在武侯祠内。武侯祠是中国唯一的君臣合祀祠庙，浩浩正气，凛然天地之间。一千多年来，武侯祠影响着成都的气质，也影响着每一个成都人。从小我是听着三顾茅庐、桃园三结义的故事长大的。我的小学离武侯祠很近，蜀人祭祀关羽的"衣冠庙"和旁边的"洗面桥"是我上学的必经之路。偶尔，在成都的细雨阴霾中，我会想象刘备在洗面桥上欲说还休、以泪洗面的样子，感受那份穿越1700多年光阴的哀伤气氛。路过武侯祠时，那里悬挂着的对联常吸引我驻足，比如晚清四川名士赵藩所写的《攻心联》："能攻心，则反侧自消，从古知兵非好战；不审势，即宽严皆误，后来治蜀要深思。"虽然幼小的我尚无法完全理解武侯祠的对联，但每每经过读到，总忍不住欣赏良久。

　　坊间流传着"少不入川"的说法，字面意思就是年轻的时候不要到成都来，舒适安逸的生活容易将年轻人的斗志磨光。从清朝开始，成都的茶馆就是全国最多的，时至今日，无论是走在公园、广场，还是体育中心、景区，都能看到喝茶打牌的地方。慢悠悠的生活节奏，成就了成都人闲适的生活方式。生长在成都，我自认为拥有川蜀平原人的乐观与坦荡，不过，我并没有被成都的安逸特性征服，反而时时保持着一种紧迫感，这可能很大程度上要归因于武侯祠了。

除了武侯祠，我从小就在家受到儒家文化的熏陶。我的姥姥姥爷都是山东人，20世纪40年代跟随家族从山东淄博迁居到成都。他们保留了山东人的文化和习俗。不仅家里人之间互相说山东话，而且每到周末，全家都会团聚吃饺子。每年农历正月初一，一大早天还不亮，姥姥姥爷就会带着我挨家挨户地到山东老乡家串门拜年。

儒家文化中温良恭俭让的精神气质在姥爷身上得到了集中体现，每天放学回家，我都能看到姥爷在巷口等候的身影。姥爷曾经是会计，一辈子严谨认真，一丝不苟，退休后，他常在家里看书看报写书法，跟我说的家长里短的话很少。姥爷说，多读圣贤书，能明事理。姥姥是大家闺秀，也是一位热心肠的知识女性。从企业书记的岗位退下来后，她主动应聘了街道居委会主任，常带着我忙上忙下，我也在她处理社区事务的过程中对人情世故有了最初的体验。

从小的耳濡目染，让我对山东充满好奇。时不时缠着姥姥姥爷给我讲山东老家的故事。终于在9岁那年，妈妈要带我回山东探亲了。临行前，姥爷还再三叮嘱："天不生仲尼，万古如长夜，读书人得拜孔子啊。"

那年暑假，我和妈妈参观了曲阜"三孔"，孔庙那宏大的斗拱、宽敞的庭院、厚重的传承让我感受到了博大的人文情怀，与修身齐家治国平天下的人生理想。在妈妈的老家淄博，我们还参观了蒲松龄故居。蒲松龄的一生颇为坎坷，但他仍关心政治，心怀天下。

在蒲松龄故居，脚踏着那片孕育他无数奇思妙想和浪漫情怀的土地，我不禁感慨，山东既可以孕育"不语怪力乱神"且讲求秩序的儒家思想，也可以孕育"写鬼写妖高人一等，刺贪刺虐入骨三分"的蒲松龄，所谓"海纳百川，有容乃大"，正是包罗万象、博大精深的中华文明文化体系的缩影。

也许，武侯祠承载的家国情怀和四川人的乐观与坚忍给予我平衡与中庸之道：坚持理想却不冒进，历经艰辛却保持乐观，用出世的精神做入世的事情，长久地去透过现象研究社会问题的本质。我非常赞成中国古人的处世哲学，中庸之道不是犬儒主义，而是以柔克刚，追求渐进的改变。这不仅是我的人生哲学，也是我的工作哲学。这些特点为我在工作中建立和谐平衡的文化叙事奠定了基础。

除了"平衡之道"，我对多元主义的关注也在小时候就初现端倪。

我从小就对不同民俗产生了浓厚的兴趣。因为四川毗邻西藏和云南，我的同学中有许多藏族和彝族等少数民族的孩子。他们的语言、风俗、饮食乃至信仰和文化，都让我感到新奇。我的同桌是一个彝族小男孩，他非常热情，常邀请我到家中做客，让我有机会品尝羊汤锅、砣砣肉这些颇具彝族特色的传统佳肴。常有同学送我藏族的奶酪、藏香，还把藏区流行的手串送给我当作生日礼物。学校组织的文艺活动，简直是百花齐放，女同学会一起跳藏族舞、苗族舞或彝族舞。

我们学校不远处是四川省博物院。当时最吸引我的是博物院收藏的很多唐卡，这种用彩缎装裱后悬挂供奉的宗教画是藏族文化中一种独具特色的艺术形式，其题材内容以宗教为主，涉及历史、政治、经济、文化、民间传说、世俗生活、建筑、医学、天文、历算等诸多领域，被称为"藏文化百科全书"，蕴藏着丰富的历史信息，以及学术和人文关怀价值。

费孝通先生曾提出，人类学研究要为文化的"各美其美、美人之美、美美与共、天下大同"做出贡献，我认为这是对"多元文化"最简短、最贴切的表述。世界上有200多个国家和地区、2500多个民族、多种宗教。不同历史和国情，不同民族和习俗，孕育了不同文明。文明没有高下、优劣之分，只有特色、地域之别。文明差异不该成为世界冲突的根源，而应成为人类文明进步的动力。我们对民族文化要有充分的认识，对多元文化要保持开放和尊重，深刻理解世界历史文化和全球议题，才能更好地追求包容的全球化发展。

自由成长

记忆中，父母很少干涉我的自由，也没有给过我特别的期待和压力，他们为我创造了一个安宁与平和的成长环境，给予了我充分的呼吸与成长空间。对于这点，我一直心存感激。

第二部分 我的避风港

5岁那年，看别人去上学，我也嚷着要上学，父母觉得孩子无忧无虑的童年很重要，让我再在家"玩"两年。盼星星，盼月亮，好不容易进入小学后，我自然而然地全情投入学习生活。第一次考试，我就拿到满分。我现在还记得放学后，我飞奔回家，挥动着手中的试卷，高兴地向家人炫耀考试成绩的样子。不过他们并不如我想象中那么开心，爸爸还叮嘱我，在学校要多跟同学交朋友，要开开心心的。那时我还未能完全领会父母的用心。但似乎正是因为家长的宽松，我自己内心反而生出一种自律，从不需要父母"鸡娃"。小学开始，我就是个不费太多工夫就能取得不错成绩的学生，并且从小学开始一直参加学生工作。老师对我的鼓励增加了我的自信，这也让我觉得读书是一件有趣的事，从而发自内心地喜欢上学。

心理学家爱德华·德西（Edward Deci）和理查德·莱恩（Richard Ryan）在"自我决定论"中曾提出，如果孩子的自主需求、胜任需求和归属需求能得到满足，就会产生自驱力。在我成长的经历中，做一个大人眼中的"好孩子"从来不是我的目标，但事事做到让自己满意则从很早开始就成为一种思维和行为习惯。这大概就是自驱力。这种自驱力在取得一定成绩后变得更加强烈，更强烈的自驱力又会不断促进新的成绩，从而成为一种良性循环。

从家到学校的路上有一家书店，我在上下学的路上经常去这家书店。我喜欢看各种书，即使是书店里"犄角旮旯"处摆放的书，我也喜欢看。有一段时间，我特别迷恋一本介绍中国各地民俗的图书，从吹糖人到赛民歌娶亲，我看得津津有味，也从中知道了不少中国的地方趣事。那时我常常因为看书看得太入迷，而忘记回家吃饭。赫尔曼·黑塞说"世界上任何书籍都不能带给你好运，但它们能让你悄悄成为你自己"，良好的阅读习惯和旺盛的求知欲确实让我终身受益。

自由和空间也让我的兴趣在好奇心的驱使下迅速发展起来。

我很喜欢讲故事和表演。小时候有两部很火的电视剧，"八〇后"应该都有印象，一部是《新白娘子传奇》，另一部是《戏说乾隆》。那时候，我常常一边看电视剧，一边在镜子前表演，那一刻时间仿佛是静止的，整个世界只剩下我和镜子里的自己。最开始表演还只是为了好玩，但随着一次次的重复，我的每个动作、每个表情、每句台词都成了一种对自己心性的打磨。久而久之，我习惯了在表演的时候进入自己的世界，像小时候在镜子前表演一样，成为自己唯一的观众，台下就算有再多的观众、再多双注视我的眼睛，我也会保持内心的从容。

我也参加过不少演讲比赛。对我来说，我会在理解故事后很快"共情"。讲故事一直是天然生发的，似乎我就是故事的主角，娓娓道来的过程就是讲述自己曾经的遭遇。

我发现，很多西方国家，比如美国、英国、法国、德国等都非常重视演讲的能力，从国家元首到各路政要、商业领袖，从超人气的媒体平台演讲者，到各级学校社团组织者，演讲是他们成功路上不可或缺的"武器"。

相对而言，东方文化有内敛、含蓄的特征。演讲能力很长时间内并没有被归入综合素质中。提到演讲，大家首先想到的可能是各类演讲比赛。因此家长并不重视，认为只要学习成绩好就行了。各种因素综合导致长期以来中国人的语言能力训练不足。其实，演讲能力是一项重要的"软实力"，几乎我们从事的每项工作都需要这项技能，从学校到社会，从参加各类面试，到向上级汇报工作，向下级布置任务，如果缺乏这一技能，有可能会失去很多机会。美国哈佛大学语言教育学家凯瑟琳·斯诺（Catherine Snow）的一项研究表明：5岁时就会讲故事的孩子，到小学时的学业表现更好。因为讲故事用到的组织能力、词语、想象力和前后连续性，都是语文能力的指标。而且讲故事的人需要有很好的记忆力才能把内容传达出去，同时还要解释故事内容，这就是逻辑能力。讲故事运用的是学习所需的所有认知能力。所以，从小对孩子进行口才锻炼非常重要，而这种锻炼可以从讲故事开始。这里的讲故事，不是指狭义的故事。生活中时时有故事、处处有故事。无论是课堂上的小组讨论，还是在家里跟大人绘声绘色地描述学校里发生的事，都是在讲故事。

上小学之后，在妈妈的鼓励下，我开始学习游泳。在离家不远的地方，就是四川省游泳馆。当时那里被称为亚洲第一馆，游泳馆既向市民开放，同时也是四川省跳水队和游泳队的训练基地。

虽然已过去多年,我对当时的教练还有深刻的印象,我的教练姓龚,留着齐耳短发,大约四十岁,曾经是全国游泳冠军。龚教练很严格,也许在她心中,我们就是未来的希望。她还想再培养出几个游泳冠军来。训练期间我几乎每天放学后都会在龚老师的指导下游一到两小时。

虽然没有成为一名专业游泳运动员,但几年的游泳经历确实很好地强壮了我的身体。"身体是革命的本钱",最朴实的话语往往道出最深刻的道理。现在的我几乎每天都处于极快节奏的工作之中,有一年参加多哈论坛,我一天之内参加了三场论坛的发言讨论,还参加了好几场双边会面,每一次都是对体力的巨大挑战。还有一次,刚在瑞士参加完达沃斯论坛,我就坐了十几个小时的飞机,早上 6:45 到达北京,然后马不停蹄地赶到北京会议中心参加北京政协会议的开幕式……这些年下来,我很少生病,即使感冒发烧、头疼脑热的小毛病也很少。如果没有一个健康的体魄,这一切都无从谈起,所以我很感谢小时候那几年的游泳经历,让我有了一个好的身体基础。

中学时光

上初中后,我各项学科的成绩依然名列前茅。我的文科和理科都不错,在数学和物理这类需要理性思维的学科面前丝毫不打怵，对历史和政治更是充满兴趣。历史是一门很有意思的学科，其实不应该用死记硬背的方法学习历史，如果能够把历史的知识要点转化成活灵活现的故事刻在脑子里，在考试的时候就可以用自己的笔把故事讲出来。很多同学认为政治课的内容枯燥乏味，但其实政治在中国是一种文明，并深入我们生活的各个角落，影响着我们对世界的思考与认识，其重要性不言而喻。

在学业之外，我通过参加各项活动，让自身的演讲、主持等特长得到了更好的锻炼。

初一那年，我被学校选拔代表成都市参加在重庆歌乐山举行的为期两周的全国中学生夏令营。那是我第一次与来自全国二十多个省份的同龄人相聚，着实大开眼界。我感受到中国之大，也感受到不同省份的同龄人身上承载的不同文化。我虽然年龄较小，但是在夏令营快结束的时候，还是被选为夏令营汇报演出的主持人。

同样在那年，四川电视台少儿频道和四川人民广播电台妇女儿童频道到我们学校挑选小主持人，我参加了试镜，顺利通过了层层选拔。虽然有过很多次在公众场合的演讲和主持经历，但当我第一次在电视台录制节目的时候，心里还是特别紧张，尤其是当片头曲响起来的时候，紧握话筒的手心不断冒汗……好在我很快适应了，在一次次的节目录制中进步着，不久就可以自如地面对镜头了。上了高中以后，我成为学校国旗下讲话的常客，一次次锻炼下来，我对各种话题都能随机应变、游刃有余……现在想来，这一次次的经历，更像是为我以后可以从容应对更大的人生舞台而进行的一次次彩排。

父母渐渐意识到我在讲故事、主持以及表演上的热情与天赋，为了让我得到更好的发展，他们请四川广播电台的播音指导来训练我的普通话和诗歌朗诵能力。后来，父母听说王岩平老师是省内最好的老师，便想方设法帮我争取到面试机会。王老师是四川省播音主持艺术教育的创立者和开拓者，桃李满天下。他的学生包括王小丫、李佳明、谢娜、杨乐乐等家喻户晓的主持人。王老师非常喜欢我，在我准备艺术特长生考试的那几个月里，王老师会准备一组写了不同名词的卡片，让我随便抽取一张，然后描述卡片上的事物。比如抽到"天空"，王老师就让我从各个角度对"天空"进行三分钟的描述，王老师还会经常安排我和其他同学合作演出小话剧或播音剧。他鼓励我看《参考消息》等报纸，尤其要注意报纸上的社论类文章。这样的训练大大拓展了我的想象力、表达能力与思辨能力。通过系统学习，我后来还参加了当年非常火爆的"全国推新人大赛"，并获得了节目主持人组一等奖。

世纪之交，我因为成绩优秀被保送到了四川省最好的高中：成都七中。

成都七中历史悠久。清朝时，成都有著名的四大书院：墨池书院、芙蓉书院、锦江书院、潜溪书院。成都七中便是由墨池书院与芙蓉书院合并而来的。墨池书院之得名，源于西汉辞赋大家扬雄。"南阳诸葛庐，西蜀子云亭。"位于今日磨子桥的墨池，是扬雄当年为文作赋时的洗笔处，子云亭亦建于其侧。因为对扬雄的景仰，重文尊贤的成都人自宋代始即在其居所旧址兴建学堂，并起名墨池书院。2014年时任美国总统的夫人米歇尔·奥巴马携两女儿和母亲来华访问一周。在成都，她专门到成都七中参观访问。成都七中培养了一大批人才，包括9位两院院士，还有许多知名校友，比如著名经济学家李稻葵、搜狗CEO王小川、B站CEO陈睿、著名华裔科学家李飞飞等。可以说，七中集聚了全成都甚至全川的优秀同龄人。

学业之外，我继续在"主持人"的道路上生长。

电视台是我们学校的一大特色。通过层层选拔，我当上了成都七中电视台的台长。我们有一个宽敞大气的演播厅，一整套一流的设备，就连四川电视台和成都电视台都经常来用我们的设备。世纪之交的中国，社会在快速变化着，学生对于新鲜事物颇感兴趣。那时候我们时刻追踪身边的大事，常常是想好了方案就扛着设备上街采访、拍摄，虽然经常忙到满头大汗，但我们心里充满了成就感。在电视台工作开阔了我的视野，拓展了我天生的好奇心，增强了我与人打交道的能力，也使我能够接触到各行各业的人。除了学校的电视台，我还一直担任着四川人民广播电台、成都人民广播电台等电台的节目主持人，当时我还有个艺名，叫"橙子"。

在全球化的世界中行走

我很喜欢交朋友，在高一时候，我常和四川大学的学生一起玩。有一次新东方英语学校在川大体育馆搞万人演讲会，在"外语热"的背景下，新东方当年全国知名。川大的大学生朋友送给我一张演讲会的门票，那天体育馆人山人海，现场气氛非常高涨，活动快结束的时候，主办方说要抽奖，其中特等奖是当时颇为稀罕的MP3。每个人都想要，没想到竟然抽中了我。而当时站在台上颁奖的人正是新东方的创始人俞敏洪和徐小平两位老师，我在四川大学的万人体育场，穿过热情高涨的英语学习者的人墙，挤上台，从徐老师手中接过奖品，徐老师那极富感染力的笑容给我留下了深刻的印象。徐老师后来还成为CCG的副主席，我们智库成立十周年的时候，他说："我对CCG十年来的坚持感到极为骄傲，作为一开始的参与者，这也是我事业之外的一个人生亮点。一个智库的最高境界，就是能够影响一个时代的走向。"

2023年春天，成都七中的几位老师——包括我的地理老师任旭东——到访CCG。见到多年未见的老师们，我真是既激动又感慨。地理课是我高中时最喜欢的课程，任旭东老师知识极为渊博，他循循善诱，旁征博引，从不拘泥于书本。在地理课上，他带我领略了不同区域的自然与人文地理。地理课收获的不仅是知识，而且是更宏大的气度和格局乃至积极的人生观，每次上完地理课我都觉得地球那么大、那么多姿多彩，总有时不我待之感。从当年痴迷于地理，到后来研究全球化，我从地理课堂走向更开阔的人生版图。

　　成都七中的校训是"全球视野、中国脊梁"，全球化智库则一直坚守"以全球视野为中国建言，以中国智慧为全球献策"，我的各位老师打开了我的全球观，为我和外部世界的关系打下基础，让我学习用自己的视角观察过去和现在，思考未来的世界，最后试着用自己的观察与思考去影响更多人。

CHAPTER

7

第七章
我的大学

按照朱熹的说法，古人八岁入小学，学习"洒扫应对进退、礼乐射御书数"等基础的社会生活知识与礼仪。十五岁入大学，学习伦理、政治、哲学等"穷理正心，修己治人"的学问。虽然在我国不同的历史时期对于"大学"的定义和称谓有所差异，但关于大学的本质和功能，却是大同小异，甚至一脉相承。十年的北师大学习生活培养了我对世界的认知，坚定了我敢作敢为的勇气，以及对信仰与希望的坚守。

北师大

长期的艺术素养培育让我在高三的时候希望参加北京的艺考。父母当时对艺考之路有一些忧虑。因为有人说，这种艺考大多是把机会留给北京孩子的，外地孩子的机会非常小，而且我想报考的主持专业的招生名额非常少。招生名额少是事实，后来我才知道，北师大的主持专业当年只录取了我一个人。还有最重要的一点是，参加艺考，路上往返就是二十多天，对分秒必争的高考复习来说，机会成本巨大。为了保险起见，妈妈向许多人咨询了艺考的相关信息，包括我的恩师王岩平老师。王老师肯定了我的成绩和艺术特长，这给我和家人很大的信心，于是，在那个冬天，我独自一人踏上了艺考之路。

在我到达北京时，那里已经连续下了几天的大雪，参加北师大考试的那天，天气格外寒冷，我起了个大早，顶着凛冽的寒风，踩着厚厚的积雪，跨入北师大的校门。我准备充分，发挥正常。走出校门的那一刻，雪依然在下着，不过，太阳不知道什么时候已经从云缝中钻了出来，清澈、明亮又温暖。

那年恰好是北师大百年校庆，在几个月前的教师节，党和国家领导人都出席了庆祝大会，高度评价了北师大的成就，强调了教育创新的重要性，对教师提出了殷切的期望，从中也可以看出国家对北师大的重视程度。

我之所以报考北京师范大学，是因为和北师大的另一重缘分。在上高中的时候，出于对文学的热爱，我加入了成都七中的朝花文学社。这个名字是冰心为七中的学生社团起的，取自鲁迅先生的《朝花夕拾》。我非常喜欢鲁迅，这也是我注意到朝花文学社的原因之一。作为一个爱讲故事的人，文学类图书一直是我的心头好。

在全球化的世界中行走

当时学校有一项语文教学试验活动,要求学生写一篇对某个文学家及其著作的评论,任何人的文章如果在全校评奖中得到前三名,就不用参加语文考试。我的语文老师刘朝纲也非常有远见,一直鼓励我读喜欢的文学作品,并深入研习和写作。我当时非常喜欢先锋诗歌和先锋实验文学,阅读和研究了很多苏童的作品,所以我写了"苏童的小说和江南故土"。后来我有三个学期都得到了"语文免考待遇"。毕业后很多年,我还听校友说起,七中老师常常把我的作文在学生面前朗读。

高二的暑假,我给苏童老师写了一封信,从读者加研究者的角度,将个人印象中的南方和苏童老师作品中的南方进行了一番对比,着重表达了南方潮湿的环境是天然的文学灵感源头。由于不清楚具体邮寄地址,我在信封上写了"江苏省作家协会苏童老师"收。没想到,苏童老师不但收到了这封信,还给我回了信,他在信中鼓励我要好好学习,考上大学,实现我的文学梦想。苏童老师毕业于北师大中文系,这是我选择北师大中文系的一个非常重要的原因。当时艺术特长生在大学大多选择法律、金融类专业,当时的选生考官看到我的选择,很吃惊地说,"现在很少见到喜欢文史哲的艺术生了。"

我在北师大读书期间,有一次苏童老师要来中国作家协会开会,学院派我去接他。那是我第一次见到自己的偶像,内心十分激动。远远在人群里,我一眼就看到了苏童老师,他戴着一顶欧式鸭舌帽、一副黑框眼镜,优雅中带着几分忧郁。我热情地和他握手："苏老师，我高中的时候曾经给您写过信，您还给我回信了。"

"那你应该是成都人吧？"苏老师毫不迟疑地回答道。

苏老师解释道："我这么多年只回过两三封读者来信，其中让我印象很深刻的是一封中学生的来信，那封信的寄件地址就是成都。我猜那就是你的信了。"苏老师说，他当时看到那封信是一个中学生写的，很惊讶。他认为信中展现出了非常强的感知力和文艺评论天赋。这次是苏老师大学毕业后第一次回到北师大，在当天的会议演讲中，他还以我的故事作为开头，"我想今天的题目应该是：母校是一个磁场。今天来接我的女生，她曾经给我写过一封信，我还给她回了信，也是因为这封信，她选择报考北师大。"

能够在中国历史最悠久的文学院学习，我非常幸福。

那时，我非常喜欢李山老师开设的中国文化史，李山老师博学而真诚，他的课非常受欢迎，无论多大的教室，每次都能坐满人，每堂课结束，大家都意犹未尽，久久不愿离去。他是让我在北师大打下文学基础的一位启蒙老师，我对于中国文化的理解，特别是在中国先秦以来文化传统及其流变方面，受到李山老师很多启发。我那时最感兴趣的是先秦文化史，尤其喜欢包括《周礼》和《诗经》在内的先秦时期的文化典籍。

李山老师可以将一部《诗经》讲出天文地理、古今中外的恢宏格局，听得我如痴如醉，每每有如沐春风之感。他常说，

《诗经》是我们的文化底蕴，一个重要的原因是"诗言志"。"诗者，言其志也；歌者，咏其声也"，中国古人通过诗歌的方式叙述他们劳动、生活场景，将其转述成故事。诗帮助我们理解一个古老民族的"内心秩序"，这既是文明的体现，又是使用文学审美经验塑造文明的过程。在《诗经》中，我最爱的是《国风》，最敬的是《小雅》。有学者说，"风"与"雅"的区别好似民歌与礼乐，前者朴实，后者崇高。从《诗经》中，我俯仰天地，感悟人生。

还有康震老师，他当年开设的是中国古代文学课程，那时他刚到北师大执教不久，是学院里颇受欢迎的年轻老师。康老师讲述诗词中中国古人的为人处世之道：仰观宇宙之大，体察人生熹微。这些哲学思辨和人生态度一直影响着我。他强调古代文学中的精准严谨，讲述《春江花月夜》时说，春、江、花、月、夜这五个字就是人生最动人的良辰美景。江潮连海，浩瀚无垠。"海上明月共潮生"，一个"生"字就道足了汹涌的水面上月色点点，生意盎然的景象。受此影响，我日后在进行国际演讲和撰写文章时，也尽量做到言简意赅、观点鲜明。国际关系已经足够复杂了，需要从中抽丝剥茧地捋清线索，形成文字，才能向交流对象清晰地传递信息，也更容易获得反馈。

北师大还开设了一门文艺理论通识课程，文科生大概都熟悉这种课程设计，其内容像是一个五花八门的大拼盘。文艺理论课上，老师从孔子、西塞罗、鲁迅、本雅明等古今中外的思想者、艺术家讲到文艺复兴、新文化运动等影响过一个时代的思潮，从精神分析讲到存在主义，从艺术形式讲到地缘政治……这些内容大大拓宽了我的视野，我也开始更具体地思考文学艺术与社会历史之间的关系。激荡人心的文学话语无不是从波澜壮阔的大历史中淘洗、沉淀出来的，而历史又从来都是其中的人活生生的经历所构成的，思想、艺术、政治、哲学……其中千丝万缕的联系是无法用某种学科分野割裂开的。

随着阅读和思考的深入，我的研究路径逐渐清晰——叙事学（Narratology）。叙事学在国内又译为"叙述学"，是文学批评中的一个重要组成部分。叙事行为自古有之，但真正将叙事作为一个严肃的研究对象加以剖析探讨的学科的出现，则相对晚近。叙事学最初较多受到俄国形式主义的影响，代表人物有什克洛夫斯基、普罗普、巴赫金等学者。我对巴赫金的理论尤其感兴趣，他对于叙事的关注点同时将历史与社会的因素纳入了文学的时空结构中，以此来说明文学对世界绝非简单的复刻，而是通过特定的艺术形式折射原生现实，将生活、行为、事件、感受等有机要素结构化的过程。叙事给构成和影响它的外在环境提供了一种内在结构，让我们能够通过文学进行社会学分析。在叙事的视野中，呈现出来的往往是特定的史实，从具体细微的文学现象入手能够为社会分析提供多样的案例。

自20世纪80年代以来，红色叙事成为新的社会学研究和文化研究的试验场。这种叙事主要基于20世纪以中国革命和社会主义建设为历史背景创作的文艺作品，是中国当代叙事体系的重要组成部分。这类作品的创作往往与特定时期国家的政治与意识形态导向有直接关联，因此研究中国当代红色叙事离不开研究中国当代政治思潮的变化。对这类叙事的探究，为我们理解1949年以来中国社会的发展改革等诸多现实问题提供了丰富的精神资源和文学想象。我对此抱有极大的兴趣，想要探究自己所处的时代与历史中国家发展、社会变革之间到底存在怎样的联系。2005年，张清华老师调入北师大，他长期从事中国当代文学研究与批评，还曾在海德堡大学汉学系讲授过"中国当代文学中的历史叙事及历史意识"课程。在他的指导下，我开始研究中国当代红色叙事，我后来的博士论文也是以此为题。

我的"北国"时光

北京师范大学有着百余年的戏剧艺术传统。刚上高中的时候，我就听说过大名鼎鼎的北师大北国剧社。出于对田汉先生"南国社"的仰慕，剧社的创办者之一黄会林先生提出"仰慕田汉老，追踪南国社"，遂为之定名北国剧社。1986年剧社刚刚创立，正好赶上首届中国莎士比亚国际戏剧节开幕，剧社在13个工作日里，便排出了莎翁的两部大戏：《第十二夜》和《雅典的泰门》，其中前者角色无论男女均由女生扮演，而后者的角色则全部由男生扮演。这两场戏使北国剧社在当年的中国莎士比亚国际戏剧节中成为一匹"黑马",轰动了"京城"。北国剧社的四张莎剧演出剧照还被作为政府礼物送给了英国女王。

北国剧社创始人之一绍武老先生提出"学演戏,学做人"作为社训。曹禺先生也曾为北国剧社亲笔题写"大道本无我,青春长与君。聚散皆是戏,不老北国人"。

非常幸运的是,高三毕业的那年暑假,我已成为一名"北国人"。正式开学前两个月,作为艺术特长生,我被剧社导演从成都召唤到北京,参加了北国剧社的话剧《四川好人》的排练。这部德国戏剧大师布莱希特的经典作品,自翻译成中文后便受到中国戏剧界的广泛青睐,中央戏剧学院、四川省话剧团等院团都曾排演过,著名戏剧家魏明伦还曾将其改编成川剧,更名为《好女人,坏女人》,引起了不俗的反响。

那年刚好是布莱希特105周年诞辰,我们的青春版《四川好人》在致敬经典的同时,还提供了别样的解读,展示了未来戏剧的生机与希望。当时我们排练了室内演出和室外演出两个版本,可以说是开了大学生话剧室外公开演出的先河。在露天版的演出中,观众人手一个马扎,想坐哪儿坐哪儿,我们随意穿梭在观众中间,时不时还会邀请观众一起来参与演出,这种仿佛"行为艺术"的戏剧形式,让习惯了坐在剧场里灯光下欣赏演出的话剧观众感到很新鲜。在演出的过程中有许多情节,如结婚发喜糖并邀请观众参加婚宴和向"坏人"身上抛纸团等,都使观众很自然地参与进来,将演出时的戏剧氛围推向高潮。

我们先后在北京人艺首都剧场进行了《四川好人》两个版本的七场演出，得到了很多专业人士与观众的好评。这场话剧由黄盈导演，当时他还是中央戏剧学院导演系的研究生，如今他已经是著名导演，导过众多实验新剧，有"新京味儿"代言人的美誉。

大学的那些年，我经常参加北国剧社的各种演出。北国剧社的经历让我结识了很多北京文艺界的知名人士，他们对艺术的热爱、执着与追求，让我感受到艺术的无限魅力，也让我对艺术始终怀有一颗敬畏之心。时至今日，虽然工作繁忙，但只要有机会，我还是会抽时间去欣赏话剧，感受"戏剧人生"。

那个时候，除了参加北国剧社的各种演出，我还是北京大学生艺术团的主持人，经常到北京大学等各大高校主持活动。当年，好多同学都做兼职，而有主持特长的我备受各大品牌活动的青睐，主持半天就能获得一笔不小的收入。不过，做主持人也是有"风险"的。有一次，我正在主持一个知名品牌的宣传活动，当天风很大，突然户外背景板被风吹倒了，刚巧砸在了我的后脑勺上！还好后来到医院检查，医生说只造成轻微的脑震荡。

尽管我的"主持人生"逐渐风生水起，但是在一次次的演出、主持经历后，我慢慢觉察到，相比于台前的工作，幕后的策划工作更能吸引我，在我读高中的时候，王岩平老师就曾对我说："苗绿，你是一个有思想的孩子，总能比一般同学想得更深入，在我的众多学生中，你也是非常特别的一个，你不应该被主持或表演这个领域所限制，你可以走更宽广的路，在更大的舞台上展现自我。"随着大学学习的深入，我对自己的职业方向有了更清晰的认知，坚定了自己要走学术路线的理想。在不懈的努力下，我成了那届文学院唯一一个硕博连读的学生。

国际写作中心

莫言老师也曾是北师大的学生。1988年，中国作协鲁迅文学院与北京师范大学研究生院联合举办了首届也是唯一一届文学创作研究生班，莫言与余华、刘震云、迟子建、严歌苓、毕淑敏等被录取，成为同班同学。

虽然中国文学这片土地从来不缺乏生机，但自2012年有了诺贝尔奖的雨露滋润，中国文学无疑又多了一个重要舞台，如同破土而出的幼苗，冲破语言与文化的藩篱，可以获得来自世界的关注。2013年5月，由莫言担任主席的北师大国际写作中心正式揭牌，我非常荣幸地担任了中心副总干事，可以从头参与策划组织中心的很多活动。

"国际"是中心的一大关键词。正如莫言先生所言，"国际写作中心不单单是一个写作的场所"，如何让中心成为连接中国与更广大世界的文学桥梁，是我们在策划组织活动时的一个重要考量因素。

国际写作中心正式揭牌的当年,我们就举办了一系列连接国内、国际的活动。

8月13日是中国农历七夕,我们在这一天迎来了一位远道而来的客人——阿拉伯语文学圈颇负盛名的当代诗人阿多尼斯。阿多尼斯出生在叙利亚的一个非常贫穷的农村。阿拉伯文化里深埋人类文明的火种,却又充满纷扰和动荡。在此背景下,阿多尼斯经历了多舛的命运,也磨砺出思想的光芒,"世界让我遍体鳞伤,但伤口长出的却是翅膀",相信很多人都曾为他的诗句而感动,并受到鼓舞。

阿多尼斯是诗人的笔名,源于希腊神话中掌管植物生死的俊美的少年。活动当天是中国的"情人节",不知道是不是这个原因,阿多尼斯特意挑选了一件粉色衬衫。他虽然头发已经花白,但目光依旧明亮、清澈,整个人也看上去神采奕奕,一点儿不像一位八旬老人。

我们当天策划的活动主题是"从伤口长出翅膀:文学在古老东方的使命——阿多尼斯与莫言及中国作家对谈"。同为古老的文明,阿拉伯文化与中华文化能产生深深的共鸣,在相似的命运中互为参照。莫言先生说,在东方情人节这天与阿多尼斯的相遇充满美好的氛围,这是中国文明与阿拉伯文明的对话。

两个月后,我们又邀请法国著名诗人穆沙来到中国,举办了一场"当巴黎遇上北京:中法诗人诗歌朗诵会"。那是10月的最后一天，深秋时节的北京，屋外已有几分寒意，北京师范大学英东学术会堂里，却早已人头攒动、座无虚席。穆沙、食指、严力、潇潇、陆健、洪烛等中法两国诗人的到来，引起了不小的轰动。穆沙先生以法语为现场观众带来长诗《证件》的节选——《冻僵的人》。尽管地域不同，语言相异，但语调中饱含的情感，诗歌内容的人文关怀却具有超越一切障碍的力量，带给现场观众深刻的感触。

当诗人食指登台朗诵时，台下立即报以雷鸣般的掌声。食指被誉为"朦胧诗的鼻祖"，他早年的名篇《相信未来》《这是四点零八分的北京》传播广泛，感染和鼓舞了几代文学青年和诗歌爱好者，至今仍是人们传诵的诗歌经典。在国际写作中心任职期间，我有幸与食指先生有过多次接触。他早年因为精神状况而在福利院中住了许多年。这次是他从福利院出院后第一次参加活动。我去他在郊区的家接送他。这样一位大诗人，他的生命历程和他的诗篇，都给我留下了深刻印象。当食指用略微沙哑又满含磁性的声音，朗诵《冬日的阳光》时，整个礼堂都非常安静，我甚至可以听到自己的心跳。这首诗是他离开福利院的同一年为自己的爱人所作，他的语调如同河流般跌宕起伏，仿佛让人看到了新生。

到了12月底，我们邀请莫言、苏童、格非到福建开启对话。"如何讲述中国故事"是我们给当代文坛三大作家的话题。福州当地观众热情如火，千人会场爆满。在福建师范大学的活动现场,兴奋的尖叫、掌声、鲜花,情绪高涨的青年……让我仿佛回到了八十年代的文学活动现场,沉浸在某种亢奋的幻觉中,贪婪地享受着中国文学的春天。

这些年,莫言老师充分发挥其社会影响力,为北师大引进了贾平凹、余华、迟子建、苏童、格非等多位驻校名作家。2014年,中心还迎来了首位国际青年驻校作家,这位名叫约翰·兰多夫·桑顿的美国青年当时刚在中国出版了自己的第一本小说《美丽的国家》。他与中国颇有渊源,他的父亲就是我和辉耀的好朋友约翰·桑顿先生。在"小桑顿"14岁那年,约翰·桑顿就送他来中国游学一年,学习中文,并在北京市青少年网球队学习网球,《美丽的国家》就是依据那段经历完成的。"小桑顿"说,文学具有强大的力量,可以使我们了解地球另一端的世界,了解其他国家和民族的文化、精神,可以促进国际沟通。

无论是在国际写作中心的经历,还是做智库,我始终研究着"如何讲述中国""如何沟通中外""如何促进中西文化交流"等议题。

中国与西方国家处在不同的文明体系与文化逻辑之中,根据美国文化人类学家爱德华·T. 霍尔（Edward T. Hall）的高低语境文化理论,具有数千年悠久历史的中华文明身处高语境文化范畴,其信息存在于物质环境之中且内化在社会共识之内,而非简单附着于文字,"言有尽而意无穷"的叙事风格给外部世界理解中国文化，以及中国文化走向世界带来不少挑战。如何向世界讲述中国，如何建构起一套全新的叙事体系，已成为时代的问题，也是我这些年一直探索的方向。

▲ 作者与2008年诺贝尔文学奖得主勒·克莱齐奥和2012年诺贝尔文学奖得主莫言合影

在全球化的世界中行走

▲ 作者与中国作家余华相聚北京师范大学国际写作中心

▲ 作者与作家阿来、欧阳江河交流

第二部分　我的避风港

▲ 作者与作家苏童（右）、迟子建交流

CHAPTER

8

第八章
求学美利坚

　　海外求学经历是我最特别的经历之一。留学不仅能够使人开阔眼界，获得人生历练，还能提供与国外的思想界展开广泛接触的机会，不仅能够拓宽人脉网络，也能够为智库的设计提供灵感，总之能够"裨补阙漏，有所广益"。怀抱这一想法，2010年我求学美国。这一段宝贵的经历给我的工作和生活带来了深刻的影响，并持续至今。

生活在纽约

　　2010年，我获得了前往纽约大学做访问学者的机会。这不是我第一次去美国，但能够在纽约这样一个国际化大都市里生活和学习一段时间，还是让我感到非常高兴。纽约大学是一所历史悠久的知名大学。这所研究型私立大学建立于1831年，是全美最大的私立教育机构之一。它的主校区位于纽约曼哈顿格林尼治村附近，以华盛顿广场公园为中心。

"格林尼治村"可能是全世界最知名的"村"。它位于繁华的曼哈顿城区南部。纽约是多元文化汇集之地，昵称"大苹果"。格林尼治村从地理到精神上几乎都可以算得上这个"大苹果"的苹果核，整片区域被浓厚的艺术气息和宽松的艺术环境所笼罩。人们从这里经过时很容易就会发现它的独特之处——格林尼治村虽然毗邻百老汇，能远眺帝国大厦，但并非像邻近街区那样摩天大厦林立，而是保留了19世纪末20世纪初的排屋和公寓大楼风格，超过十层的建筑并不多，建筑整体色调呈红色，偶尔还可以看到彩虹旗。《老友记》这部风靡美国乃至全球的连续剧，背景就设在纽约，虽然是在加利福尼亚一处摄影棚里拍摄的内景，但常常出镜的公寓大楼外景却取自格林尼治村，现在这里已经成为《老友记》粉丝们的打卡地。

大量的艺术家聚居在格林尼治村，这大概与纽约大学Tisch艺术学院坐落其中有关。从这所艺术学院里走出了Lady Gaga、斯派克·李和李安等世界级表演艺术家、导演和制片人。在纽约居住的半年多里，我流连于翠贝卡社区等艺术家聚集地，参加了许多活动，参观了不少画廊和个人艺术展，深刻体会到纽约的现代感、艺术感和国际化程度。

纽约大学与格林尼治村相互渗透。纽约大学是一所融合在城市中的学校，也是少有的没有校园的大学，以格林尼治村华盛顿广场公园为中心，纽约大学的教学机构和宿舍向四周延展、星罗棋布，与纽约市融为一体。走在纽约街头，如果你抬头看到一面紫色的旗帜，上面印着"NYU"，那插着旗帜的建筑就是纽约大学的正式机构之一了。这种校园特点符合纽约大学开放办学的精神，象征着开放和自由。

但这座城市也透露出大都市所独有的距离感和快节奏。在大部分时间里，街上都熙熙攘攘，似乎每个人都在赶时间，人与人之间缺乏基本的交流。这让每个人都成了城市里的一座孤岛，看似热热闹闹实则冷冷清清。我的邻居们虽然有很多都是纽约大学的学生，但大家平常几乎不怎么往来，即使日常在楼道或者电梯里遇到，也不会有过多的交流。我到达公寓的第一天，就在家里发现了一只死老鼠，我最怕老鼠，却找不到任何人帮忙。后来，我跑到楼下的比萨店，花10美元的"大价钱"请一位墨西哥小哥帮忙将死老鼠拎了出去……虽然我在一年的不同季节都去过纽约，但这个城市很长一段时间在我心里最深刻的印象都是"冷"的：灰色的钢筋水泥森林之间窄窄的人行道，人头攒动，人潮汹涌，旁边的下水道井盖里缕缕不绝地冒出白色蒸汽。

很多年后，我开始慢慢理解纽约。纽约的"冷"与它的多元化本身是一个硬币的两面，是天然存在的。这才是一座活生生的现代都市的常见形象，有人讨厌它冷的一面，自然也会有人喜欢它多元的一面。同理，我对纽约的感受也是复杂的，但它终归留给了我鲜活的生活和学习记忆。

在纽约，我继续从事文学研究，但层次和深度都远超从前。我的导师是著名的比较文学专业教授张旭东老师。张老师时任纽约大学比较文学系和东亚研究系教授、东亚系系主任。张老师翻译了不少哲学家本雅明的著作。本雅明是20世纪著名的德国哲学家和文化评论者，在美学理论和西方马克思主义等领域有深远的影响，由张老师翻译的《发达资本主义时代的抒情诗人》更被称为20世纪90年代先锋知识分子的"识字课本"，在青年人中广为流传。

在我于纽约大学访问学习期间，张旭东老师经常带我参加各类学术和艺术活动，包括纪录片节和诗歌节等新奇有趣的活动，为我打开了一扇认识纽约和美国学术文化的窗口。如果说我在北师大的学术经历为我筑造了从中国视角审视当代中国历史的观察框架；那么在张老师的影响下，我把观察当代中国历史的框架重置于综合性世界视角当中。这对于我后来创办和发展CCG这样一个具有国际视野的智库来说有着丰富意义。

在哈佛访学

在纽约访学半年之后，我争取到前往波士顿学习的机会。这次我进入了大名鼎鼎的哈佛大学费正清东亚研究中心。

这里是全美国乃至全西方中国历史文化研究的顶级殿堂，

其中国研究几乎覆盖了各个方面：不仅涉及中国的政治、经济、外交、历史、社会状况，还对其中所涉及的细节和边缘化问题进行了深入细致的研究。该中心从创立初期就确立了学术研究与现实政治挂钩的研究趋势。因良好的学术声誉，费正清中心的学者对美国对华决策具有非同寻常的影响力。研究中心的学术讲座尤其多，每周近20场，每天都有。讲座内容十分丰富，从中国古代史到中国当代问题，从国内家庭社会问题到海峡两岸关系、国际关系问题，从考古到戏剧、电影、小说，可以说是包罗万象。

　　我在这里不仅参加了众多学术活动，还有幸遇到了许多德高望重的学术泰斗。我参与了由著名现当代文学研究者、哈佛大学东亚语言与文明系的王德威教授主办的有关"现代中国文学史"的写作研讨会。如果说张旭东老师引导我从世界的角度看中国思想，那么王德威教授则启发我从世界的角度看现当代中国文学，这与我在北师大的研究有着紧密的相关性。王德威先生告诉我，文学史是进入中国历史、文明、文化的一种方式。文学延续着过去我们对"文"的想象，它是一种彰显的过程，中国的文化、社会、生活、历史经验都通过文字显现出来。这一观念对当时正在创办智库的我来说影响很大。后来因为忙碌的智库工作，我并没有时间继续从事现当代文学研究，但我在向海外访客介绍中国思想、解读中国文本时，经常比较海外中国文学审美与本土传统文学审美的差异，进而寻找相通之处。

可以说张旭东教授和王德威教授在潜移默化中推动了我对中国文化理解的国际化过程，这一点让我终身受益。

我在哈佛遇到的汉学家们则更加让我大开眼界。

在波士顿，我拜访了著名汉学家宇文所安（Stephen Owen）。他是文艺理论学的大师，又精通唐诗，于耶鲁大学获得文学博士学位，任哈佛大学詹姆斯·布莱恩特·柯南德特级教授。他主要从事中国古典诗歌和文论研究以及比较文学和世界文学研究，著有《孟郊与韩愈的诗歌》《初唐诗》《盛唐诗》，并将"诗圣"杜甫的作品翻译成了英文。他是一位温和慈祥的老人，有点像电影《魔戒》里仙风道骨的甘道夫。他说话慢条斯理，有很重的鼻音。那还是我第一次亲耳听到一个高鼻梁、深眼窝的西方人展现出对唐诗精准、深刻的理解，这再次让我感受到中华文化与西方文化碰撞时产生的巨大张力。在北师大时，我时常为中西文化如何更好地交流融合所困扰，从宇文所安教授身上我看到了些许希望，中华文化也可以被西方人，甚至是大师级的学术专家所欣赏。

这一点，也体现在傅高义（Ezra Feivel Vogel）教授身上。

傅先生对东亚的研究从日本起步，后来逐渐转向中国，著有多部有关中国、日本和亚洲的著作。他对中国的研究集中在改革开放之后中国的政治和经济，这恰好也是我的兴趣点。让我感到有些惊奇的是，傅先生的中文是自学的——这是他亲口对我说的。由于做日本研究起步，傅先生能说很流利的日语，后面再接触中文时便多少能无师自通了。不过，他的中文水平虽然很高，能读中文的古文，说中文时却带着一种奇怪的口音，这大概是泰斗们学贯中西的副作用吧。

在费正清中心那段时间，傅高义先生渊博的知识和亲切的性格都给我留下了深刻的印象。与自身名气相比，傅高义先生为人谦和低调，经常穿着一身旧西装参加费正清中心的学术活动了，有时还在会后一边吃三明治一边与学生聊天。第一次和老先生面对面交流的时候，他竟然给我一种传统中国文人的错觉：清瘦，斯文，说话声音很轻，语调舒缓。他问起了我的博士论文情况，得知我在研究红色叙事学后，他说："我觉得你应该见见麦克法夸尔教授。"后来他真的引荐我去见了麦克法夸尔教授。这位教授是与傅高义先生合著《剑桥中华人民共和国史》的著名当代史专家。我在傅先生推荐下，还去上了麦克法夸尔教授的中国当代史课程，收益良多。不知道是不是受到这两位史学巨擘的影响，在多年的智库工中，我很喜欢与历史学家或者有史学背景的学者打交道，因为我觉得他们看问题的眼光更深邃、更长远，也更加理性。

傅高义教授在学术研究方法上也给我很大的帮助，尤其是在现当代史料的搜索和分析方面。我们后来成了忘年交。在哈佛期间，我去夏威夷参加了美国亚洲协会年会，并在会场跟已经年届八旬的老先生一起逛亚洲书展，留下了下面这张合影。我当天穿着一件很显眼的条纹衫，他有点夸张地说："你的条纹衣服代表的是现代艺术,这是一种流派。"他还故作神秘地告诉我,自己即将出版一本巨著,讲中国的现当代史。至于这本书,就是后来的《邓小平时代》。这本书不仅在中国研究领域产生了巨大的影响,获得了著名的莱昂内尔·吉尔伯图书奖(Lionel Gelber Prize),而且销售了120万册。傅先生大受鼓舞,后来他见到我时还说,以后会继续从中国政治家的角度深入研究中国现当代史。

让我没想到的是,这是傅先生一生中撰写的倒数第二本关于中国的图书。2019年他在出版了一本关于中日关系的书后,于次年溘然长逝,享年90岁。

2023年夏季,我再次访问哈佛大学。校园里人流如织,利用暑假机会来哈佛大学游学和研学的中国年轻学子络绎不绝。可是,那个曾邀我在校园里散步的高谈阔论的老人已经成了他

▲ 作者与傅高义教授在夏威夷亚洲书展

所钟爱的历史的一部分了。然而，对我而言，他的音容笑貌，始终存在于这座象牙塔之中。

波士顿的冷与热

如果说纽约是美国的金融之都，那么波士顿就是名副其实的学术之都。波士顿比纽约更偏北，冬天的严寒毫不逊色于纽约，但它留给我的感觉却比纽约要温暖。这里的节奏比纽约慢，生活气息也比纽约浓厚许多，难怪美国著名电影《爱情故事》[1]要以哈佛大学的校园生活为背景，取景与拍摄也都在此地。也许因为它不像纽约那样给人以距离感，也许因为这里学术气氛更加浓厚和热烈，人们的互动更加频繁。

在波士顿，我遇到了在成都七中时的同学舒翀，当时她在麻省理工学院攻读博士。我们就在这座异乡城市展望自己的未来。舒翀说，她未来的理想是在高校里从事学术研究。多年后，她成了哈佛大学商学院的教授。当时我已经参与创办了CCG，于是对她描述了智库的发展构想。今天，CCG在智库界崭露头角，波士顿也成为我人生和事业中一个富有象征意义的节点。

波士顿的学者并不常年藏身于书斋当中。著名的阿巴拉契亚山脉横亘在城市的西郊，查尔斯河穿城而过，在城东入海，

---

[1] 1970年由阿瑟·希勒指导的美国经典爱情电影。——编者注

汇入深邃的大西洋。学者们在工作和研究之余，也热衷于各种户外运动。我常常获得邀请，到查尔斯河里泛舟，或者到西郊群山远足。这些都是很有挑战性的体育运动。查尔斯河可不像剑桥的康河那么平静，而是河流宽阔，水深流急。划船需要很高的技巧，我笨手笨脚的，常常落在大家身后。跟学者们一起远足也不简单，他们走路比我快多了，有很专业的户外装备，甚至有烧烤装备。大家边走边聊，谈的都是自己感兴趣的研究方向，锻炼身体的同时也锻炼头脑。

在远足的队友中，有一位思想非常活跃的中国学者给我留下了很深的印象。他就是从事公共卫生研究的中国专家刘远立。2003年，刘老师说服哈佛大学校长，成立"中国卫生系统培训中心"，帮助中国卫生系统培训专业人员。就在我完成访问学者之旅不久，刘老师放弃了在美国20多年的积累，回国全职参与我国加强农村基层医疗卫生服务体系和药品流通领域体制改革的顶层设计。刘老师现在是国务院参事和北京协和医学院卫生健康管理政策学院执行院长，他将深厚的学术修养贡献于改善提升中国卫生体系的工作中。他常来参加CCG的活动，并为全球化智库与施普林格·自然集团联合出版的"中国与全球化"系列丛书贡献了文章。

在波士顿时，我还遇见了同为访问学者的万科创始人王石先生。我当时与他分享了我关于智库的设想。后来他作为资深环保人士和公益活动家，对CCG的发展贡献了许多建议。在波

在全球化的世界中行走

士顿的这段时光，是珍贵的，也是无可替代的。

哈佛大学的图书馆和研究所也给我留下了深刻印象。

一处是哈佛燕京学社。在北师大写博士论文时，因为需要查询论文资料，我和燕京学社打过很多次交道。这栋城堡一样的两层红砖小楼是美国的亚洲和中国研究重镇，成立于1928年，由哈佛大学与燕京大学合作创办。同年成立的哈佛燕京图书馆❶也设在此处，专门用于收藏与东亚相关的文献，拥有中文、日文、韩文、越南文、藏文、满文和蒙古文的藏书超过百万卷。还有重要的个人收藏、私人信件、历史照片、拓片、卷轴和档案收藏等。现在它与华盛顿特区的美国国会图书馆一起，成为西方最大和最全的两个中国善本收藏图书馆。当年我常在此查阅中国当代史和改革开放初期中国的相关材料，汲取了大量的一手知识。

这里需要再提一下哈佛大学的图书馆体系。作为美国最古老的图书馆，也是世界上藏书最多、规模最大的大学图书馆，哈佛大学图书馆与哈佛大学一样久负盛名，除了哈佛燕京图书馆外，怀德纳图书馆可以被称为哈佛大学图书馆体系中的核心馆。这个藏书超过350万册的图书馆位于哈佛校园中心，整栋建筑厚重结实，带着20世纪初大型公共建筑常见的新古典主

---

❶ 哈佛燕京学社成立于1928年，同年在哈佛大学设立汉和图书馆，进行系统的文献搜集工作，1965年更名为哈佛燕京图书馆。

义风格，其内部装修典雅庄重，空间高大宽阔。我第一次见到怀德纳图书馆时还很好奇，为什么在校园里会矗立着这么一座希腊神殿式的大厦，不知是在象征什么。后来我才知道，这是为纪念在泰坦尼克号沉船事故中去世的哈佛毕业生和书籍收藏家哈里·怀德纳，他的母亲埃莉诺·怀德纳捐资建立了这座图书馆。

另一处让我念念不忘的地方就是费正清东亚研究中心。1937年，哈佛燕京学社成立了远东语言系，这在美国开创了先例。在学社的帮助下，到20世纪40年代末，哈佛大学已经发展成美国亚洲研究的领军机构。费正清先生于1932年至1933年曾接受哈佛燕京学社邀请来华研究深造，后来在福特基金会的支持下建立了东亚研究中心，也就是后来的哈佛大学费正清东亚研究中心。这里离燕京学社不远，也是我对哈佛大学另一处印象深刻的建筑。

美国的访学是让我受益良多的一段旅程。在近距离接触美国的大学和城市之后，美国学术殿堂的神秘光环褪去，我发现了真实的美国学术界。这是一个有着深厚积累和底蕴的世界，但一切并非完美。在我接触过费正清研究中心的专家，领略过美国汉学家对于中国文化的把握之后，我发现，他们其实也有局限性，其中之一就是领域不够宽广。宇文所安先生对中国古典文学的熟悉程度可以说是信手拈来。因为学贯中西，他的研究中常常将中国古代文学与西方古典文学互设为镜像。傅高义先生对中国现当代史的认知可以细化到具体年代、具体文件和具体文字表述上。然而两者的研究成果很难说得上有交集。这是因为他们的研究是横向的。西方学者几乎总是在自己熟悉的领域来理解整个中国文化，缺乏纵向的深度研究。而中国学者在研究自身历史时则具有宽广的时间深度，但跨文化之间的横向比较不足。两者之间如果能融会贯通，就会形成更立体的研究框架和空间。

当然，我们不能过分苛求西方的中国研究界，毕竟这还是一个人数较少、历史较短、整体影响力相对不易量化的学术领域，一代人只能做一代人的事情。随着中国的力量不断增强，不能再简单依赖西方出现的对中国感兴趣的专家，而是应该主动去勾勒出自己的叙事体系，让中国的故事可以从更多渠道与西方文化产生共鸣。

从此时开始，如何构建中国对外叙事体系就成为我在创建智库之后所要探索的问题。在波士顿和哈佛大学，我开启了探索的第一步。作为反馈，多年之后，我与辉耀向哈佛燕京图书馆捐赠了我们的研究成果，包括《人才战争》《国家战略——人才改变世界》《当代中国海归》《中国模式——海外看中国崛起》《创业中国：海归精英50人》《中国留学人才》等一批全球化智库编著的图书，哈佛燕京图书馆专门为这次捐赠举办了一个仪式。

2023年8月，我再次来到哈佛，在怀德纳图书馆与哈佛文理学院前院长、费正清东亚研究中心前主任、著名历史学家柯伟林（William Kirby）会面，辉耀还围绕中美关系、全球化发展、高等教育等话题与他进行了深入讨论，并录制了"CCG全球名家对话"系列节目。可以说，我们在推动中西方文化交流方面做出了一些探索，希望这些微不足道的成果和互动，能够在促进中国文化海外传播中起到应有的作用，不负我在波士顿、纽约等地度过的短暂而收获良多的光阴。

▲ 作者在哈佛燕京学社参加完活动后漫步查尔斯河畔

CHAPTER

9 第九章
从育于人到育人

我在各类活动和采访经常被问到"你是如何平衡工作和生活的?"的确,这是一个很现实的难题。身边的同事和朋友常常把我看作"工作狂"。多年以来,我的时间安排一般是:三分之一的时间在国外出差,三分之一的时间在国内出差,剩下三分之一在东三环的办公室办公。一天 24 小时,每个钟头都被细细地划分,以便可以最充分地利用时间。作为职场上的活跃女性,事业与家庭,是难以完全平衡的。我认为世界上很难找到一种十全十美的理想生活,只有最适合自己的人生状态。幸运的是,我有一份值得执着投入的事业,也有一个和谐美满的家庭。在繁忙的工作之余,我会保持对孩子的关注与爱护,并用自己独有的方式陪伴孩子们一起成长。

遇到人生的另一半

说起我与辉耀的相识，要回到 20 年前。

2005 年初秋的一个晚上，北京大学百年讲堂里，北京电视台为国内首部海归纪录片《留学生》举办的开播仪式将要开始，这部纪录片主要讲述了一批创业有成的海归的故事，其中一集就是辉耀的故事，他也被邀请参加了开播仪式。在活动开场环节，北大剧社排演了一场妙趣横生的话剧，而我是女主角。

演出开始前，辉耀记错了时间提前来到现场。北京电视台导演介绍同样早到的我和他一起聊聊，他说辉耀还是成都人，是我的老乡。不经意之间，在命运的安排下，我和自己人生的伴侣就这样相识了。随后的开播仪式上，播出了辉耀的纪录片片段，让我有机会了解他丰富的人生阅历和穿梭于东西方的传奇职业生涯。辉耀籍贯是杭州桐庐，在成都长大，在广州上大学，在国家经贸部工作，后来出国留学，在跨国公司和国际机构都工作过。回国创办企业后，又创办了多家社会组织，他一直不断著书立说，还担任了中国欧美同学会副会长。辉耀的经历就是一个不断创新的过程。在遇到我之前，辉耀还曾担任过北大光华管理学院的客座教授，在光华管理学院开设了《国际商务管理》的课程，他说自己能在北大百年讲堂遇见我，也是冥冥之中自有天意。

我本科学的是中国文学专业，辉耀本科学的是英美文学专业，我们之间有很多人文领域的共同兴趣爱好。最重要的是，我们发现彼此的价值观非常接近。我们对发挥自己所长改变社会和世界充满了强烈的愿望，我想这既是我们能走到一起的原因，也是后来共同培养起对智库发展的兴趣的基础。辉耀跟我说，他创办了欧美同学会2005委员会，当时正是2005年，因此以2005命名该组织。这是继欧美同学会商会之后，他再次凝聚一群中国顶尖海归的尝试。看到辉耀不断创新，我由衷为他感到高兴，辉耀这种不断创新、不断突围的精神一直感染着我。

我自己也没想到，和辉耀相识三年之后，我们便一起创办了全球化智库。2009年到2011年，我们一起考察了很多欧美智库，还一起去了美国布鲁金斯学会和哈佛大学，深入研究全球智库发展。这些经历也激发了我们一起做有意义的事的理想。共同的理想、共同的经历、共同的事业、共同的家庭、共同的子女，让我们的感情和事业能够不断相互促进和补充。所以，我个人认为，一个婚姻和家庭想要幸福，夫妻之间必须相互尊重，这是幸福的基础，之后若有共同价值观和共同兴趣那就是幸福的更高层次，若还能共同成就一份对社会有意义的事业，那便是幸福的升华。

辉耀真诚地尊重女性，重视女性在职场的发展，这点让我由衷欣赏。十多年前，我们在华盛顿访问研究智库期间，辉耀就曾专门陪我参加亚洲协会在全国民主党妇女俱乐部举行的招待会，当天的演讲主题就是关于推广女性权利和影响力的。活动后他鼓励我说，你也可以成为优秀的智库人，在社会发展等领域发挥更多女性担当和作为。在共同走过的岁月里，他总是提醒我，要不断在精神上成长，并且勇于承担国际国内社会中的核心责任，不能因为是女性而畏惧，反而应该发挥自己的优势，成就不一样的精彩。在共建智库的十多年里，他一直鼓励我勇敢做正确且对社会有意义的事，支持我走向世界舞台；在男性林立的智库界，他一直给予我大量的历练机会，我也因此拥有了更多的成长空间；在事业和家庭上不能兼顾时，他总是主动担当，让我勇往直前、成就自我。女性如果要在事业上有所成绩，努力工作、发挥潜能是重要的。而在这一基础上，丈夫的支持无疑是保障女性成功的重要因素。

我感觉到，辉耀对我的尊重并不只出于丈夫对待妻子，也不只出于领导对待同事，他真正从心底尊重我，相信女性和男性在人格上是平等且各有优势的，他认为需要把另一半的天赋和优势充分发挥出来。这正应是男性对女性的第一层尊重，也是最根本的一层。希望有更多的男性可以像他一样对待自己的妻子和同事，我也总会以辉耀为榜样勉励我们的儿子，所以他从小就在心里埋下了一颗种子，立志长大以后要成为像他父亲一样的男人，尊重遇到的所有女性。

辉耀虽然比我年长，但我完全没有感到我们之间的年龄差距，他丰富的人生阅历和经历，也给我带来了很多正面激励，我们无话不谈，是彼此的知己和知音，他让我的生活充满了阳光和力量。

▲ 作者与先生参加英国驻华大使馆活动

为孩子的成长"留白"

"妈妈，妈妈，快看……"

听到孩子们兴奋的声音，我抬起头来，电视上正在播放"一带一路"峰会欢迎晚宴的镜头。2023年是"一带一路"倡议提出10周年，为欢迎来华出席第三届"一带一路"国际合作高峰论坛的国际贵宾，国家在人民大会堂举行了欢迎晚宴。我的孩子们在人民大会堂金色大厅参加了晚宴的文艺演出，为几十个国家的元首、政府首脑、国际组织负责人等国际贵宾表演了大合唱。

这是孩子们第一次参加国家级宴会的演出，对她们来说，这不单单是一次锻炼机会,更具有重要的纪念意义。虽然她们年纪尚小,但也了解不少关于"一带一路"的事情。因为"一带一路"倡议提出后,CCG 成立了"一带一路"研究所,举办了系列主题研讨会,还推出了研究报告和图书,我和辉耀在家中的时候免不了会谈论这些话题,估计孩子们早已耳濡目染。所以,从前期的学校选拔,到之后的反复练习、多次彩排,以及现场表演,孩子们都很积极,很卖力,表现得特别棒。

经过这次表演,孩子们对"一带一路"的印象更为深刻了。她们指着电视画面,抢着告诉我,自己见到了这位首脑,那位总统……自己站在这个位置唱歌……可以感受到孩子们心中的那份自豪感。

安洋、安洲是我和辉耀的一对双胞胎,她们的到来,可以说是老天的礼物。我和辉耀有三个孩子,第一胎是儿子,二胎的到来完全是一个意外,也和第一胎相隔只有一年多。怀第二胎的时候我们去医院检查,医生说第二胎和第一胎离得太近,建议我们慎重考虑。后来又去了另一家医院复查,医生说,恭喜,你们怀的是一对同卵双胞胎,新生儿中只有千分之四的概率是同卵双胞胎,据说这类双胞胎的形成与遗传没有任何关联,完全是概率,是自然现象。同卵双胞胎体型相同,在遗传学上的特征几乎完全一致,面容和性别也会相同,这让我们感到惊喜。

养育三个子女需要投入很多精力,也给我们带来很多乐趣,通过小孩,特别是对双胞胎的抚育和观察,我们对人生有了更加丰富的认识。

三个孩子活泼开朗，性格上各有特点。安洋、安洲虽然拥有完全一样的基因，长得也非常像，按道理应该有类似的性格和特质，但出乎意料，她们却有着完全不同的性格。两个小女孩出门的时候，喜欢手牵着手，但我发现，她们总是在互相争着什么，后来才知道，她们在争谁的手握着另一只手，为了这个牵手的"主动权"互不相让。三个孩子在一起就是一个小社会，家长如何不失偏颇地兼顾好他们各自的发展，对我来说是一个经常面临的挑战。三个孩子朝夕相处，一定会分出个主次和强弱，而且总会有性格发展上的不同趋势。

儿子安宇很喜欢读书而且阅读速度非常快，他尤其喜欢英文书。小小年纪，他的肚子里已经有了不少"墨水"，他经常会问我一些关于哲学和社会的问题，喜欢思考，理性务实；双胞胎女儿则更感性一些，像天生的小诗人般，细腻浪漫，她们喜欢唱歌、喜欢跳舞……每个孩子都是不同的，我尊重他们的个体差异，愿意给予他们更多的自由发展空间。

在当今教育焦虑的大环境之下，家长们总是催促孩子不停地学习，上各种各样的补习班，无限次地拉弓射箭，却忘记问问孩子真正的梦想是什么。每次参加家长组织的茶叙，大家谈论最多的就是孩子学习的话题，每当此时，我就会有意识地转移话题，聊很多与学习无关的内容，从最近的电影到热点时事……也许在"鸡娃"的家长们看来，我过于"佛系"，鸵鸟式的家长，不过，这种做法确实可以减轻作为家长的焦虑。

歌德说："我们不能按照自己的观念塑造孩子，我们必须爱他们，任他们的天性自然发展。"我很感激父母在教育我的事情上，非常开明，基本采取了"放养"的策略，给予我充分的空间和自由。如果没有父母的"留白"，我想我会变成一个完全不一样的人。今天，我对自己的孩子也是采取"放养"策略，尊重他们的自主意识、了解他们的实际需求，减少过多的干预，让他们自由成长。

孩子们，大胆走向世界

因为工作关系，我们与各国驻华大使等国际人士有着经常性交流，很多驻华大使对中国历史和文化非常了解。有一次参加印度驻华大使罗国栋在官邸的宴请，临别时，我说要赶火车去山东，罗大使竟然用流利的中文问我，"你是去齐国还是鲁国？"相比那些从未来过中国的国际人士，驻华使节等在华国际人士更了解中国，因而他们的中国叙事相对来说也更客观。我们并不一定要他们说中国的"好话"，而是希望他们可以描述一个客观的中国形象。

驻华大使馆是了解各国社会、文化、历史的重要窗口，尤其是大使馆举办的丰富多彩的传统文化节日活动，可以实现参与者对各国文化的沉浸式体验，我和辉耀经常受邀参加各国驻华大使馆的活动，如果有合适的机会，我们也会带孩子们一起参加，让他们从小对这个世界有更丰富、立体的认知，培养他们的国际视野。

这些年，我们在瑞士大使馆观看过冰球比赛，感受瑞士深厚的冰雪文化底蕴；在瑞典大使馆参加瑞典500周年国庆，领略北欧风情；还参加过马来西亚的开斋节，日本驻华大使馆的春季赏樱会，西班牙、韩国等大使馆的国庆招待会。印象深刻的是有一年，印度驻华大使邀请我们全家到大使官邸过洒红节。

那是孩子们第一次听说这个节日，所以我当时特意"卖了个关子"，并没有和他们详细说明这是一个怎样的节日，我希望孩子们面对一项新事物的时候，可以有自发的探索未知的需求与能力。

几天后在去参加洒红节的路上，双胞胎女儿争先恐后地告诉我，"妈妈，原来洒红节就是印度的传统新年，这里面还有一个神话故事呢，据说古代有个国王非常残暴，还要臣民奉他为神明，可他的小儿子带头不从，依然坚持对大神毗湿奴的信仰。父亲因此对儿子怀恨在心，对他进行种种残酷的折磨，甚至让公主抱着小王子跳进火堆企图烧死他。结果公主被大火烧为灰烬，小王子却因为有毗湿奴的保护而安然无恙。老百姓为了庆祝，便向小王子身上泼洒红颜色的水。这就是洒红节的来历，这个节日象征着正义对邪恶的胜利。"

"印度是一个等级森严的社会，种姓之间不可以通婚，各个种姓都有自己的分工，不过在洒红节的时候，男女老少，不管认识与否，不分种姓，都可以向彼此身上泼洒五颜六色的颜料和粉末，全民共欢，每个人都可以尽情享受节日的欢乐。这个节日也起到了缓和社会矛盾的作用。"儿子像个哲学家一样对妹妹们讲的故事进行了总结。

看来三个小家伙这几天没少做功课啊！作为家长，我们不能事事周到；发挥引导作用，培养孩子独立思考的能力，对孩子的成长更为重要。

当天罗国栋大使身着白色古尔达，俯下身来，亲切地和孩子们交流，孩子们的英文都不错，和大使聊得非常开心。作为庆祝活动的重头戏、洒红节的经典环节——"洒红狂欢"将整场活动推向了高潮。在罗大使和印方朋友的带动下，各国来宾纷纷跟随节拍载歌载舞，孩子们很开心地往印度大使身上抛洒彩粉，互致祝福，气氛热烈温馨。

2023年夏天，我和辉耀特别忙碌，七八月一直在国外，访问了十几个国家，并参加了多场国际论坛。这段时间刚好是孩子们的暑期，但是我们却没办法给予孩子们更多的陪伴。

于是我灵机一动，为何不好好利用这个机会，和孩子们一起来一场"全球化之旅"？

亚里士多德11岁时即外出求学，掌握了很多书本外的知识。莫扎特6岁时就随父亲和姐姐周游欧洲，开始了长达十年的旅行演出。美国前总统富兰克林·罗斯福3岁时就随父亲到

在全球化的世界中行走

欧洲旅行，5岁到白宫拜会克利夫兰总统……更不用说，现在是一个开阔的国际交往与文化碰撞的时代，培养孩子们的全球意识是必要的。儿女未成年时，往往无法拥有足够成熟的心智去设计自己的人生成长道路，作为父母，我们的选择往往对儿女的一生发挥决定性作用，如果条件允许，让孩子尽早见识世界，我想，可能是给孩子最好的礼物。

于是，我马上征求孩子们的意见，并很快做出决定，给孩子们报名国际夏令营。为了更好地培养孩子们的独立性，我选择让他们独自坐飞机从北京到欧洲开启夏令营之旅。在孩子的人格培养过程中，独立性是一个非常重要的品质。培养孩子的独立性，才能让他们在未来的成长中有足够的自信去面对更多烦恼，有能力去应对各种挑战。

这是孩子们第一次独立参加国际夏令营，在一个多月的时间里，孩子们先后在瑞士和美国纽约与波士顿参加了三个不同的夏令营，与来自十多个国家的小伙伴一起度过了一段难忘的时光。三个夏令营中有两个是全封闭的，孩子们在营期间无法通过电话等方式与家长直接联系，虽然孩子们平日都很独立，但毕竟他们年龄尚小，而且是第一次独立在国外参加活动。说实话，我还是有些担忧孩子们的适应能力，担心他们会不会哭鼻子、闹情绪。欣慰的是老师发给我的照片上，这几个小家伙都笑得很开心……当夏令营结束，终于见到孩子们那一刻，我既开心又心疼，三个小家伙都晒黑了不少，孩子们告诉我，他们在这段时间里，爬山、游泳、高山徒步……每天都过得很充实，用孩子们自己的话说，一天的活动结束后，他们晚上睡得可香了。我想，孩子们的收获绝不仅是欢笑和快乐，更得到了极大的锻炼，他们接触到了好几种语言，开阔了眼界，提高了跨文化沟通与相处的能力，甚至得到了跨国界的人脉，并提高了生存适应能力。

在参加夏令营之余，我还找机会和孩子们在日内瓦"会师"，一起打卡这个著名的"国际机构总部之都"。

日内瓦文化多元、语言多样、人口流动性强，是一座名副其实的"国际之城"。坐落在日内瓦湖畔，与巍峨的阿尔卑斯山遥遥相望的万国宫是我们打卡的第一站。万国宫的名字来自法语 Palais des Nations，它曾经是联合国的前身"国际联盟"的总部，现在是联合国驻日内瓦办事处的所在地。据说当年为了建造这座总部，国联从世界各地请来了 300 多名著名建筑师竞标，1931 年破土动工，历时 7 年才落成。这里的建筑风格确实很有"万国特色"，选用法国、意大利和瑞典产的大理石，并辅以菲律宾棕麻地毯。穿行在万国宫、国际劳工组织总部、红十字国际委员会总部之间，孩子们感叹道，"妈妈，看来日内瓦的人操的都是全世界的心啊"。

有同事看到我在朋友圈分享的照片，在后面评论道，你们这是行动中的 G2（2nd generation in globalization，译为全球化的第二代）啊。

是啊，在这样一个全球化的时代，确实需要从小培养下一代开放、包容的全球视野。全球大事川流不息，瞬息万变，与每个人息息相关。一个多月的游学生活对孩子们产生了不小的影响，现在，他们最喜欢做的事情就是研究地图，正所谓"读万卷书，行万里路"。就我个人而言，海外求学曾是我一生中最宝贵的一段经历，通过一年多的海外学习和生活，我得以近距离观察美国社会，触碰西方文化，大大提升了国际化视野。我现在特别鼓励孩子们走出眼前的小世界，走向更广阔的大世界。我相信，只有当孩子们见识过这个世界的辽阔，双眸注视过的东西渐渐变多，闻过五花八门的气味，才会对这个世界熟稔于胸，才会在行走之间多一份自信从容，学会包容他人，接

▲ 作者与孩子们打卡日内瓦联合国总部

纳世界的差异与丰富，也才会更勇往直前地面对未来的人生路。

令我欣慰的是，这一段段经历正化作成长的养分，滋润着孩子们的心灵，在 2025 年度全国"未来外交官"青少年演讲与思辨外文素养活动总展示中，孩子们经过多轮比赛、层层选拔，从全国四万多名参赛选手中脱颖而出，安洋和安洲分别获得全国总冠军和亚军，安宇获得全国金奖！孩子们用流利的英文，娓娓道来心中的"我向世界说"，讲述着外交官的神圣使命，传递着中国文化的博大精深，展现了中国少年的风采与担当。

更好的陪伴

我和辉耀工作非常繁忙，即使是周末，可能也是处于紧张的工作状态，不过，我们会尽可能抽出时间以各种方式来陪伴孩子。

即使在外出差，我也要保证通过视频、电话等方式，和孩子们聊天。我最喜欢问他们，"今天开心吗？今天做的最有意义的事情是什么？"

如果周末有时间，我们很喜欢和孩子一起看电影。这些年我们一家五口几乎看遍了所有上映影院的影片。我和先生都认可一家人在一起的时间是有限的，但是电影就像人生经历的浓缩。在短短的两个多小时中能一起体验一种浓缩的经历，超越现实生活又类似现实生活，无形中扩展了我们一家人在一起的共同经验，是全家一起的"精神旅行"。

每次看完电影回家的路上，我都喜欢让孩子们轮流复述影片内容，并且时常一家人共同拼凑起完整的电影故事，这既培养了孩子们的叙事和认知能力，也是一种全家参与的再创作和重新旅行的经历，很有意思。安宇能够提纲挈领地重述故事情节，常让我们刮目相看；安洋、安洲总是能从人物的心理出发，共情他人，也让我们为孩子们的善良纯真感动。每次爸爸的总结都充满人生哲理，还时常中英文结合。而我觉得自己比较擅长从社会发展和人情世故的角度提点孩子。我们也常分享阅读到的文章或者书的片段。

我想，只有把孩子们视为人生中重要的"伙伴"，通过平等互动的共情交流，体察孩子们的所思所想，推己及人，才能帮助孩子们形成健全的人格、温良的品性和美好的心灵。

在孩子们身上，我无时无刻都能够感受到传承的责任。他们正处于身心发育期，具有很强的可塑性。为人父母者，言传身教很重要，自己的言行举止潜移默化地影响他们的深层记忆。孩子们在观察和思考父母行为的同时也在给自己的人生标记时间刻度。所以，我也一直在思考，如何能用一种更深刻、更长久的方式来影响和陪伴孩子们。

安宇开学的第一天，我曾把他带到写有"横渠四句"的学校围墙边，那里写有北宋张载的名言"为天地立心，为生民立命，为往圣继绝学，为万世开太平"。那时他还不太明白，但是我希望这句话可以在孩子心中留下粗略的印象。等他再大一些，自然就会明白。我希望他们都能在父母的经历中得到一些启发和教育，如果他们长大了以后想继续遵循"横渠四句"，开始自己的人生路，他们一定会从父母的经历中得到比一般的陪伴更加宝贵的经验。

▲ 陪伴孩子们慢慢长大

第十章
未来之路

北宋著名的思想家张载在《横渠语录》中有言："为天地立心，为生民立命，为往圣继绝学，为万世开太平。"这四句话高度凝练了儒家知识分子的责任担当。我觉得它几乎诠释了生而为人，在天地间安身立命的所有追求与意义。冯友兰先生将它概括为"横渠四句"，认为这四句话恰到好处地合于一种"人之所以为人"的标准。马一浮先生则对人生提出了更高的立身要求，正所谓"儒者立志，须令天下无一物不得其所，方为圆成"。离开书斋，离开我钟爱的，传统意义上的文学、叙事学专业已经多年，但各位先生的道理言犹在耳，鞭策和鼓励我，成了我工作、生活中的座右铭。我始终以此为志，毅然向前。

第二部分　我的避风港

因为相信而看见

2008年，中国百年奥运情结梦圆北京。"同一个世界，同一个梦想"彰显着全球化的新时代来临。也正是在这年，我参与创建了全球化智库。尽管全球化智库直接关注的问题在全球化、全球治理、国际关系这些听上去非常宏观的领域，但更深层次的问题其实是如何从个人微小的力量出发，让世界变得更美好、让社会运转得更顺畅。我们带着这些问题和使命奋斗了十几年，回首一路走来的点点滴滴，我们尝试开辟出中国国际化社会智库的新模式，酝酿和推动了多项重要政策，把中国的声音带入巴黎和平论坛、慕尼黑安全会议、多哈论坛等重要的国际平台，以智库外交推动中外人文交流，从民间组织的角度向世界讲述中国故事。

十几年来，全球化智库从名不见经传发展至今成为一家拥有一百多个全职研究人员和专业人员的，中国规模最大、最早获得联合国特别咨商地位的社会智库。这一路是历经坎坷和艰辛的，每天我都需要解决很多问题，处理很多复杂的人际关系和专业事务。从组建团队、延揽人才到开展研究，从募集资金到推动政策，与各级政府部门、不同机构、企业和个人开展交流。还好，身边一直有这么多人支持我，全球化智库不仅拥有众多顶尖顾问和知名专家委员，团队也由有识之士组成。有很多同事都从创始之初一直工作到现在，大家是为了共同的理念而来，都有知识分子的使命感，或者说为他人服务、为公众服务的使命感。在这条路上，我不仅是一个"智库人"，也是一个组织者和运营者。虽然工作复杂而辛苦，但我的初心坚定不变——要做中国最有影响力的国际化社会智库。

自2020年初起的两三年间，全球都陷入了新冠疫情的旋涡中，智库的工作也一次次经历着疫情的考验，面临成立以来最大的困难，理事开发工作不容乐观，筹款非常难；项目预算缩减，本就不多的课题进一步减少；每一场线下活动的组织都像是一场大考……令人欣慰的是，同事们在困难面前可以团结一致，艰难的环境反而激发了每个人的斗志与活力，大家不愿意被疫情所困，都积极地为智库参与民间外交出谋划策，努力用灵活变通的思维为国际交流破除障碍，搭建通路。

疫情三年，我们依托于智库的专家资源和研究网络，充分有效地利用多媒体平台传播优势，以线上研讨和同步直播相结合的形式将200多场中英文线上研讨会呈现给全球观众，用更公开的方式共享智库成果，在复杂多变的国际环境下以中国社会智库视角研判国际形势，向世界讲述中国故事。其中，CCG名家对话系列产生了很好的国内外反响，辉耀与几十位国际大咖就中美关系、中欧关系、国际抗疫合作、世界经济发展、应对气候变化、国际智库合作等主题进行了深度交流，增进了互信和理解，发挥出舆论引导和议题设置的作用。

新冠疫情在全球暴发前，辉耀和我每年都会带领同事全球各地飞,面对疫情后出国交流的困难,我们另辟蹊径,积极与在华国际组织、驻华使节、国际商会、国际 NGO、跨国公司等在华国际社会的重要组成方开展交流,加强合作。几年下来,大大小小的外事活动,我们参加了上百场,并接待或拜访过日本、巴西、法国、以色列、瑞士、印度、德国、欧盟、秘鲁、比利时、加拿大、新加坡、加纳、波兰等数十个国家的大使。能够在疫情尚未解禁的时期走上前来,与在华国际人士在国内保持交往意义非凡,可以感受得到每一方都对这个在特殊时期保持联络,加强理解的机会十分珍视。尤其是,由我发起的 GYLD 项目在疫情期间,克服了重重困难,开展了多场形式多样、内涵深刻的活动,为国际青年们搭建起对话交流的平台,取得了广泛的影响力。

2022 年是全国疫情局势最紧张的一年。不过,从技术上来说,出国访问还是可行的,只是回国时需要一些运气。我们一直在探索出国访问的可能性,早早地就按照主要国家的入境健康要求注射了疫苗。经过仔细规划,我们终于在 6 月 22 日抵达新加坡,并由此开启时隔 2 年零 8 个月的海外访问之旅,在一个月的时间里,我们先后访问了新加坡、美国、法国、德国、比利时、韩国等国家,参加了几十场活动,会见数百名政学商界人士,接受的媒体采访数不胜数。后来媒体在对我们这次行程的报道中使用了"旋风"和"破冰"的说法,后者也许是溢美之词,但前者确实是事实。为了提升效率,可以说,我们没有浪费一分钟，由于时差关系，晚上休息的时间也几乎排满了国内媒体采访或者与国内同事的电话会议。

第一次海外出访时发生了很多感人的故事：约翰·桑顿先生在临近美国独立日假期之时，专程从佛罗里达飞到纽约，与我们会面。已近80岁的卡内基国际和平基金会资深研究员黄育川先生特地开了很长时间的车赶过来与我们见面，一口气和我们谈了两小时。一次意外的护照问题打乱了我们的日程规划，美中关系全国委员会欧伦斯会长特意发了好几封邮件提醒会员新的参会安排……关于这次特殊而精彩的行程，我希望有机会再详细讲述。所有的经历都证明，我们这次出行是很必要的。西方对中国的观感出现了很大改变，误解加深了，这更需要我们不停地做出解释和说明。西方自己也发生了深刻的改变。当我们走出布鲁塞尔机场时，发现连机场大门口悬挂的标语都出现了变化。以前是"欢迎来到欧洲的心脏布鲁塞尔"，现在则变成"欢迎来到北约之家布鲁塞尔"。布鲁塞尔既是欧盟总部所在地，也是北约总部所在地。标语的变化受到乌克兰危机的冲击，北约的权重大大提升了。

这种直观的感受让我震撼。在那难忘的一个月里，我一直处于各种时空转换的震撼当中，不知疲倦，忘记了时差。我接受的信息量之大也是难以形容的。当我们回国后，在隔离的酒店中安顿下来时，我心里少见地泛起一种轻松感："总算结束了！"

不，这当然不是结束。旅程一旦开启，就不会停止，2022年年中的这次行程，在国内外都获得了极大的关注。从国家部委到主流媒体，再到同行们都在关注我们的行程。不夸张地说，在一定程度上这也促成了"二轨外交"的重启。国内的相关智库机构和商界人士开始尝试往外走，一些外国朋友也有机会"重返"北京。从这年的 11 月开始，我们密集开启了海外访问，到了 2023 年，除了个别月份，几乎每个月都有海外访问活动。

在一年一度的智库咨询委员会工作汇报中，当我讲完八十多页的 PPT，对疫情期间所做的工作进行总结时，CCG 咨询委员会名誉主席陈德铭先生如此评价：

CCG 作为研究和推动中国对外开放的智库，在疫情肆虐的三年开启以线上为主，线下同步的活动，进行了大量国际出访、交流、讨论，成绩倍加，功不可没。

听到这句评价，我感觉这几年的辛苦和付出都是值得的。

可能对社会大众来说，"智库"依然是一个有些抽象的概念，不了解智库的人还很多。不过，我相信，随着社会的发展，人们对智库的认识会渐渐清晰，我亦坚信经过不懈努力去践行一项事业，经过时间的沉淀事情总会往好的方向发展。"不是因为看到了才相信，而是因为相信才看见"，每个人都有自己相信的东西，因为相信，才会选择，才会行动，才会愿意为之付出。我希望在未来，CCG可以继续依托国际优质资源，充分发挥自身二轨外交的作用，以国际化的研究视野，及时洞悉国际国内重大问题，深化在全球化、全球治理以及人才全球化与企业全球化等方面的研究，为中国引领新一轮全球化深入发展、参与全球治理建言献策，为促进国际国内交往并形成广泛共识贡献力量。

智库道路：叙事中国与全球化

2024年1月20日是北京市政协十四届二次会议开幕的日子，为了准时参加会议，19日在瑞士参加完达沃斯论坛，我连夜赶回了北京。

去年是我正式履职北京市政协委员的第一年，也是我亲身体验中国的协商民主，积攒宝贵经验的一年。我非常珍惜政协委员这个与国家与人民直接相连的角色，并尽自己的全部力量履行职责。这一年里，我结合智库工作实践，就推进北京"四个中心"建设提出十多篇提案。颇为惊喜的是，围绕我提出的多篇提案，北京市文旅局、北京市委宣传部、北京市委组织部、北京市人才工作局、北京市教委等部门多次电话反馈相关情况，相关部门领导也亲自到访CCG开展交流，可以充分感受到政协各级组织对于委员提案工作的重视。

在北京市政协十四届二次会议上，我所在的港澳台侨和外

第二部分 我的避风港

▲ 作者与先生王辉耀在纽约和美中关系全国委员会会长欧伦斯共进午餐

▲ 作者当选为北京市政协委员

事委员会提交的《关于发挥优势整合资源，推进首都民间外交的提案》被评为优秀提案，获得大会表彰。作为提案的参与者，我收获很多，感触更深。

西方常用"橡皮图章"来描述中国的两会，这实际上是一种曲解或误解。"履不必同，期于适足；治不必同，期于利民。"民主是各国发展追求的目标，但民主的形式应该是丰富多样的，各国走向民主的道路只有根植于本国土壤，才会可靠与管用。近年来长期把持民主释义权的西方国家自身陷入了治理困境，"黄马甲运动""国会山暴动"……世界仿佛看到了西式民主的颓势，那些主动移植或被动照搬西式民主的"第三波民主国家"也并未迎来理论上预设的发展和富强，反而陷入动荡和衰退的泥潭，难以自拔。西式民主实践的窘境发人深省。

扎根于中国深厚文化土壤和社会实践基础的民主拓展了民主的渠道、加深了民主的内涵，随着实践的进展和理论的创新，中国民主将为丰富和发展人类政治文明贡献更多的中国智慧。那么，如何将中国关于民主的实践及理念传递给国际社会？如何让中国的政治制度具体可感？如何让中国具体可感？

2022年4月15日，伴着北京春日的暖阳，我带领来自法国、美国、喀麦隆、巴基斯坦、马来西亚、哥伦比亚等10个国家的在华国际青年走进北京市政协机关及北京民主党派人民团体大楼实地参观，并与政协委员、民主党派代表人士面对面研讨交流，近距离体验和了解中国的全过程人民民主。

第二部分　我的避风港

　　国际青年了解了北京市政协70多年的发展历程。他们听到了在不同历史阶段，委员提案在推动医保电子结算，团结抗击非典、新冠等公共卫生领域的故事后，踊跃提问："中国百姓的声音是如何传递到政协的？""我们在中国生活工作了很多年，在华外国人如何能参与到政策制定中？""北京市政协是怎么推动决策和落实工作的？""人大和政协的区别是什么？""中国的全过程人民民主有哪些世界意义"……对于国际青年们关心的每个问题，政协委员们都进行了耐心解答。

　　国际青年们还来到北京民主党派人民团体大楼参访。这里是8个民主党派北京市委员会的"家"。大家一起参观了北京市民盟组织历史回顾展、民革党员之家、北京民进会史馆、农工党党员之家等史料展馆，了解到中国共产党与各民主党派的友谊在中华人民共和国成立前就已开始，并在新中国成立后的建设、改革时期形成了"长期共存、互相监督、肝胆相照、荣辱与共"的合作方针。各个民主党派各有特色，但推动中华民族伟大复兴的共同目标将他们与中国共产党团结起来。

　　2023年6月，我又带领来自法国、荷兰、美国、巴西、巴基斯坦、尼日利亚等11个国家的青年代表走进北京市人大常委会机关和朝阳区麦子店街道枣营北里社区，与市人大代表、基层干部群众对话，了解中国全过程人民民主的鲜明特点与生动实践。

　　人民代表大会制度是实现全过程人民民主的重要制度载体。

175

在全球化的世界中行走

走进高悬着中国国徽的会议厅，国际青年"变身"人大代表按下表决键，感受代表人民参与行使国家权力的庄严和神圣；打开北京市人大预算联网监督服务系统，轻点鼠标，他们赞叹大数据让人大预算审查实现了全口径、全过程监督。在面积仅有0.5平方千米，社区工作者只有16名的枣营北里社区，居住着来自几十个国家的居民，是一个名副其实的国际化社区。国际青年在此探秘了多主体参与基层治理的"家园模式"，大家纷纷对社区的数字化管理服务方式点赞。

▲ 带领国际青年走进北京市人大常委会机关

向世界讲述中国，需要中国场景。基于"国际青年领袖对话"项目这个平台，通过组织"从首都实践看全过程人民民主"国际青年沙龙系列活动，我想为国际青年提供一个沉浸式感受中国政治协商特色、参政议政过程和民主程序的机会。国际青年和政协委员、民主党派人士、人大代表等进行的面对面交流，避免了空洞的信息灌输，在交流过程中将中国故事由宏大叙事转为个体故事，更接地气，更深入人心，在思想交流和互学互鉴中实现了精神链接和情感共鸣。多位国际青年告诉我，这是他们第一次了解到"协商民主"。"这种形式很独特，在国外好像没有类似的组织。"巴西青年拉斐尔（Rafael Henrique Zerbetto）表示。"最让我惊奇的是，中国的党派之间是盟友、伙伴的关系，而不是像许多国家一样是竞争的关系。"巴基斯坦的青年明竺（Zoon Ahmed）感叹道。马来西亚青年朱国伦（Gaston Chee）则表示，通过参访，感到西方对中国的民主存在很多误解……

今天的中国传递给世界的内容正在从商品等，向政策、制度及文明理念进行深层转型，我们要想获得理解、尊重与认可，就需要使国际社会了解我们的存在逻辑，建构一套新的政治叙事体系，或者更广一些说，需要建构一套与中国的文明、价值以及战略目标相契合的全球叙事体系，阐明中国文化所包含的核心理念，在涉及全球治理、世界秩序等议题上更好地向其他国家解释中国的世界观、国际政策及政治话语，将中国传统文化中"和而不同"的思想与当今人类命运共同体关联起来。

这正是我多年来一直努力的方向：在达沃斯静谧、清透的雪山旷谷中与各国高层围炉夜话；伴着塞纳河激荡奔流的河水，在巴黎和平论坛与众多国家首脑酣畅对话；从在布鲁塞尔金碧辉煌的王宫中觐见比利时国王，到穿过大西洋站在慕安会的现场与来自世界多国的青年领袖进行思想的碰撞；从畅行丝路走进风光旖旎的多哈，贡献亚洲互联互通的智慧，到意大利伊斯普拉碧波荡漾的湖区凝聚心力提供有见地的全球发展建议；再到庄严的联合国总部、回到祖国带领各国国际青年领袖走向中国的大好河山。

  这些年行走在国际舞台和全球治理的第一线，我发现，国际交往中常常存在一种诡谲的现象，那就是明明在交往和互动的过程中，却常常出现各国自说自话的情况，或是明明在相互输出有益于相互促进、共同获益的观点，却总是在接受方面出现问题，产生诸多歧义。在我看来，这实质上是一种跨文化交往活动中的"翻译"问题。这里的"翻译"不能简单理解成语言的转换，而是如何能够让从完全不同的文化根基中生长出来的话语体系相互理解、相互尊重乃至相互认同。今天的中国正积极融入世界，从全球化的受益者向推动者乃至引领者的方向发展，现代中国的发展故事需要新的建构，需要从讲什么，谁来讲，如何讲三个层次进行更有深度的思考：

讲什么？

  在 2024 年年初，我收到北京广播电视台邀请，参加了六

第二部分　我的避风港

▲ 与中外学者共同解读名著

天的节目录制，这个新节目的名字为《认识你真好——习近平总书记的书单》。在节目中，我和多位中外学者围绕《资本论》《孔子家语》《道德经》《哈姆雷特》《悲惨世界》畅谈古今，从书籍中体味文明发展、提炼公共话题、直面时代命题，从青年马克思的文艺批评到成熟的《资本论》，到当代中国的政治现实、治国理政经验和国际对比；从儒家到道家的中华文明，大道之行，天下为公；共论存在、苦难与发展等人类共同价值……

几天的脑力碰撞，也是一场熔铸古今、汇通中西、对当下社会有启迪、对时代发展有思考的文明对话，令我受益匪浅。虽然每个国家都是特殊的个体，但特殊性中蕴含着普遍性。事关人类共同福祉的追求与探索是国家叙事逻辑的最大公约数。在构建中国新叙事的过程中，可以通过聚焦全球共同的话题，客观理性地表达出那些具有世界意义的中国故事。

谁来讲？

"我有一个美国梦，但是由'中国制造'。"

当片尾镜头定格在这句话时，剧场内响起一片掌声。这是 2018 年 11 月，在 G20 峰会中美首脑会晤前夕，CCG 联合制片方举办的《善良的天使》纪录片首映礼上发生的一幕。这是一场独特的首映礼。没有明星，主创团队却星光熠熠：两届奥斯卡获奖导演柯文思执导，美国知名制作人威廉·蒙代尔（William Mundell）和中方制片人韩轶联合制片。没有红毯，海报主题词却力透纸背："普通人的信念，推动中美关系坚定向前。"

影片以基辛格谈论中美关系为开场，采访了一些国际政要和名人，如美国前国务卿詹姆斯·贝克、马德琳·奥尔布赖特，中国香港前行政长官董建华等。不过故事的主角并不是这些世人熟悉的面孔，而是那些为跨越两国地域和文化差异而努力工作的普通人，比如有将珠算文化传授给美国孩子的数学老师，前往亚拉巴马州的中国工厂工作的移民工人，还有在美国艾奥瓦州马斯卡廷建立"中美友好屋"的中国企业家。

导演柯文思说，在许多美国人的眼中，拥有14亿人口的中国是远在大洋彼岸孤独神秘的挑衅者，甚至是敌人。但其实中国并不神秘，他希望两国人民能借此片增进对彼此的了解。与其说中美之间存在"信任赤字"，不如说中美之间存在"信息赤字"，影片中这些"民间外交官"的故事能帮助搭建两国交流和互信的桥梁。

无独有偶。在CCG的智库开放日活动上，20余位驻华大使，来自40余国的使馆公使、参赞和外交代表，以及来自联合国驻华机构等国际组织的代表共同欣赏了由美籍纪录片导演龙安志（Laurence Brahm）执导的《寻找功夫》，龙安志作为"寻找者"深入武林，探索功夫的起源与发展、武学思想与中国哲

▲ 作者在 CCG 联合举办的《善良的天使》纪录片首映礼上发言

学的精神真谛，以及功夫对世界各国的影响，探讨功夫文化的当代价值和世界意义，现场反响热烈。来华数十年，习武 40 载的龙安志呼吁中美两国在体育和文化领域找到突破口，打破僵局，就像当年的"乒乓外交"一样，来一场"武术外交"也不错。他拆文解字，指出止戈为"武"，中国武术本身是非暴力的艺术，蕴含着尊重、忠诚与平衡的价值内核，而这些正是美国政治体系所缺乏的。

瓦尔特·本雅明在《讲故事的人》中区分了两种讲故事的人，一种是水手型，这种人漂洋过海，行万里路，见多识广。另一种是农夫型，这种人遍知本土人情风物，掌故历史，甚至能够把自身片刻的经验转化成充满奇思妙想、生动有趣的故事。从这个角度出发，应该鼓励不同的类型共同发展。世界是多样的，故事是多样的，讲故事的方式也需要是多样的，每个人都可以尝试讲述个人故事、各国故事、全球故事。

在叙事视角层面，即使信息内容相同，若传播者不同，人们的接受程度也不一样；信源的可信度越高，其说服效果越大。我们要增加中国声音的多元性。中国形象是立体且复杂的，因此注定要用多元的手段表现中国形象，构建立体化、多元化的话语体系。比如可以发挥知华友华国际人士的意见领袖作用，加强与国际驻华使团、国际组织、国际商会人士、外企高管等国际资源的沟通交流工作，提升海外华人华侨尤其是海内外新生代对华态度及对华认知，调动其在国内外社交媒体平台积极发出中立、客观和理性的声音。也可以鼓励我国民间力量，学者、企业家、留学生、华侨华人、海归等发挥作用，改变过去相对单一的声音来源。

▲ 作者在 CCG 开放日活动上发言

如何讲？

关于这一点，我想用共情、包容、直面、借力、拓展五个关键词来总结。

共情。讲好中国故事的本义并不是要宣扬"超越"或"征服"，而是"共享"，特别是人类共生共享的未来叙事，我们得努力在讲述中实现一种"无我"的境界。要尝试换位思考，不但讲述自身的故事，也要注重倾听了解别国的历史文化及现实需求，在叙述中融入对方或他者的故事加强感染力，引发情感共鸣。

包容。在对外交流中可以各自讲述自身的理念观点，秉持谦和平等的对话姿态，而非以锐利的态度说服或扳倒对方，因为真正的对话受众不只是对话方，更重要的是第三方听众，如果能够把自身理念传播出去，那么这本身就是一种有效沟通。即便不能说服对话方，但只要能够让更多人愿意倾听并了解我们的理念，就进行了十分有效的国际传播。

直面。勇于直面不同意见，敢于接触多元交流对象，既与对我国友好的人士交流，也与对华持有偏见的人交流。我们曾经参加西方的公共论坛式辩论，使用西方主流社会高度认可的辩论的方式来阐述中国立场，直面质疑，进行建设性的回击，增进世界对中国的理解。

借力。我们需要积极地在国际主流论坛及媒体发声表态，通过国际传播的主流渠道将中国声音、中国故事传递给更多人。

在西方话语占据优势的情况下，接受国际主流媒体的访问非常重要，应避免因为对方不友好或持难以让我们接受的观点就拒绝接受对方访问。同时，在社交媒体全面发展的时代，要想被更多年轻一代所了解，就需要通过国际社交媒体全方位发声。

拓展。深化与具有全球影响力的国际平台的合作，拓展发声渠道，发挥国际论坛在增强国际舆论影响力中的重要作用，同时，还可在国内发起并举办国际论坛，邀请国际人士线上线下参与，也可发挥中外交流枢纽作用。

在全球安全形势波折起伏，人类社会面临历史罕见的多重危机，世界经济亟待复苏的时刻，智库肩负起愈发重要的责任与使命，新的国际交往篇章已然开启，智库发展也迎来了新的机遇与挑战。回首来时路，我更加坚定了当初的选择。只有总结过去，做好未来规划，不断提升改进，才能把握时机尽快消弭人文往来缺失造成的隔阂，在分水岭与不确定时刻坚定信心"再出发"。

后 记
POSTSCRIPT

我的人生与事业均发端于与中国息息相关的奥运之年，可能这也冥冥中注定了我与"全球化"的不解之缘。我出生于1984年，这一年，第23届夏季奥运会在美国洛杉矶举办，那是中华人民共和国恢复在国际奥林匹克委员会的合法席位以来首次参加夏季奥运会。二十多年后，百年奥运梦圆北京，"同一个世界，同一个梦想"，中国从此开始更加坚定地走向世界，更加自信地拥抱全球化，历史翻开崭新的一页。也正是在这一年，我和辉耀在北京共同创立了全球化智库。

"全球化"一词在21世纪初期的中国并不平常，人们常会为诸如"谁的全球化""全球化还是美国化"等问题争论不休，另外，对于"社会智库"究竟是做什么的，也没有多少人可以真正讲清楚。现在想来，在当时的社会语境下，选择在中国参与创办一家以"全球化"命名的社会智库，还是需要些勇气与决心的。

每个人都和他们所处的时代相遇。我有时候想，如果我是一个小国家的公民，也许可以享受岁月静好，却难有机会践行自己推进全球化的抱负，而若生逢乱世，也许就没有那么多享受和平，接受完整教育的机会。现代中国是全球化的受益方，从 20 世纪 80 年代开始的一代人完整地享受了改革开放后，中国融入全球化带来的成果：物质生活日趋丰富，同时又崛起于世界舞台。

2008 年的那场金融海啸引发各方震动，这期间，对全球化的反思声音不断加大，反全球化甚至逆全球化的声浪响起。但正如联合国前秘书长科菲·安南所言："很少有人、团体或政府反对全球化本身，他们反对的是全球化带来的悬殊差异。"在我看来，全球化的发展是历史的过程，这就注定了它的发展不会是一条直线，而是时而前进，时而徘徊甚至倒退。

中国的崛起是全球化演化发展中一个具有主导性、引领性的强有力因素，将给世界政治经济体系和全球治理理念带来重要革新。

我相信中国终将成为全球化的重要引领者。我相信，经济全球化是中国在 21 世纪最大的发展机遇，继续扩大对外开放，积极参与经济全球化进程符合中国最大的国家利益。中国是全球化的受益者，也终将成为全球化的重要引领者。也正是在这一信念的驱使下，我和辉耀坚定地踏上了推动中国全球化发展之路。面对人才、资金、影响力缺乏等困难，我们集中精力专

后记

注在自己的优势领域，积攒着力量，经过十几年的不懈坚持与努力，全球化智库从一个三五人的小团队发展成了一个由百余人组成的全职国际化团队，另有由两百余位海内外杰出专家学者组成的国际研究网络，已出版中英文图书百余本，举办近千场"全球化"相关的论坛和研讨会，建言近千篇，获得中央领导、国家部委领导批示上百次，推动多项国家政策落地，并获得联合国"特别咨商地位"，成为世界百强智库，获得国内国际社会的广泛认可。这说明作为中国思想市场的新生力量，社会智库已经踏上中国乃至世界的政策建言舞台，并对政府决策、社会关注、国际交往产生了重要影响，作为中国智库人，我们颇感欣慰。

CCG随着改革开放三十年的脚步诞生，与中国的全球化发展一路相伴，为推进全球化进程不懈努力。这其中有艰辛、困惑和迷茫，更有感动、喜悦和希望。

经历了同龄人鲜有机会见证的人和事，所有的经历都沉淀成宝贵的财富，所有的积累都成为再次出发的动力和信心。我也将和全球化智库的同仁们一起在开拓中国国际化社会智库的道路上继续坚定前行。

苗绿 博士

2025年3月